LES MILLE TALENTS D'EURÍDICE GUSMÃO

Martha Batalha est née au Brésil. Diplômée en littérature et journalisme, elle fonde sa propre maison d'édition avant de partir pour les États-Unis où elle travaillera quelques années en tant qu'éditrice. Elle vit actuellement en Californie avec son mari et ses enfants et consacre désormais tout son temps à l'écriture. *Les Mille Talents d'Eurídice Gusmão* est son premier roman.

MARTHA BATALHA

Les Mille Talents d'Eurídice Gusmão

ROMAN TRADUIT DU PORTUGAIS (BRÉSIL) PAR DINIZ GALHOS

DENOËL

Titre original :

A VIDA INVISÍVEL DE EURÍDICE GUSMÃO

Publié par Companhia Das Letras.

ISBN : 978-2-253-07008-5 – 1re publication LGF

À Juan, qui y a cru
dès le premier des quatre livres sacrifiés
au nom d'Eurídice.
À mes parents, dont la présence dans tout ce que je fais
va bien au-delà du simple nom qu'ils m'ont donné.
Et à la meilleure professeure de portugais
qu'on peut rêver d'avoir :
Solveig, c'est ici la petite fille de douze ans
qui vous rend tout ce que vous lui avez appris.

Chère lectrice, cher lecteur,

Parmi les histoires contées ici, beaucoup sont authentiques. On a déjà entassé des corps dans les rues de Rio de Janeiro, suite à une épidémie de grippe espagnole. Les vers composés par Maria Rita sont inspirés d'Olavo Bilac, et la notice publiée après qu'elle se fut enfermée dans sa chambre est bel et bien parue dans le Jornal do Commercio.

Rio a accueilli un libraire très français et très avare, qui légua son commerce à son frère, et non à sa veuve. Un jeune homme très pauvre est devenu très riche en brassant de la bière, comme c'est le cas du fondateur de la brasserie Tupã (ce jeune homme n'était autre que mon arrière-arrière-grand-père). Et quelqu'un a connu le sort très particulier que j'ai infligé à ce personnage, ainsi que l'a raconté Luiz Edmondo dans ses mémoires.

Heitor Cordeiro, Bebé Silveira et Raul Régis tenaient les salons les plus renommés du début de la Première République. Ernesto Nazareth ne possédait pas de piano. Il s'exerçait chez des amis ou dans des boutiques d'instruments de musique de la rue de Carioca. Villa-Lobos allait d'école en école répandre la bonne parole du chant orphéonique, et une remarquable professeure a jadis enseigné à l'école municipale Celestino Silva, comme me l'a raconté mon grand-père.

Mais ce qu'il y a de plus authentique dans ce livre se trouve dans les vies des deux personnages principaux, Eurídice et Guida. On peut encore les croiser. On les retrouve la nuit de Noël, où elles passent le plus clair de leur temps assises, serviette à la main. Ce sont les premières à arriver, et les premières à partir. Elles parlent des croquettes de morue, de la canicule ou de la pluie de la journée, du vin que certaines d'entre elles boivent encore, mais pas beaucoup, rien qu'un tout petit peu. Elles demandent si le mari va bien, si la petite-nièce a déjà un amoureux, si le petit-neveu est déjà en chemin. Certaines ont besoin d'aide pour quitter le sofa et s'asseoir à la table du dîner. Beaucoup ont perdu l'appétit, et considèrent la dinde avec détachement. D'autres s'animent à l'heure du dessert, parce que du pain perdu, ça ne se refuse jamais. Elles retournent s'asseoir sur le sofa et regardent les plus jeunes ouvrir leurs cadeaux, avec l'air de celles qui ne parviennent plus qu'à voir le passé.

Les vies d'Eurídice et de Guida s'inspirent des vies de mes grand-mères, et des vôtres.

1

Lorsque Eurídice Gusmão épousa Antenor Campelo, sa sœur lui manquait déjà moins. Elle était à nouveau capable de sourire fugacement quand elle entendait quelque chose d'amusant, et elle pouvait lire deux pages d'un livre sans relever les yeux et se demander où Guida pouvait être au même instant. À dire vrai, elle la cherchait encore parmi les visages féminins croisés dans la rue et, une fois, elle eut même la conviction d'avoir aperçu Guida dans un tramway, direction Vila Isabel. Mais cette certitude s'évanouit par la suite, comme toutes celles qu'elle avait eues.

Personne ne savait au juste pourquoi Eurídice et Antenor s'étaient mariés. Certains pensaient qu'ils avaient échangé leurs vœux parce que José Salviano et Manuel da Costa étaient déjà fiancés. D'autres désignaient la maladie de la tante d'Antenor comme la principale raison de cette union, étant donné qu'elle ne pouvait à présent plus laver le linge de son neveu avec son savon spécial à la lavande, ni préparer son bouillon de poule aux oignons émincés et transparents, car si Nonô aimait le goût de l'oignon il en détestait la texture, à tel point qu'un seul petit bout camouflé dans les haricots lui valait une longue journée de nausées et de renvois arrosée d'Alka-Seltzer. D'autres encore pensaient qu'Eurídice et Antenor étaient bel et bien tombés amoureux, et que cette passion mutuelle avait duré trois minutes, quand ils avaient dansé ensemble lors d'un bal masqué du Club Naval.

Le fait est qu'ils se marièrent, remplissant l'église et accueillant les invités pour la réception chez la jeune mariée. Deux cents beignets de morue, deux caisses de bouteilles de bière, et une bouteille de champagne pour le gâteau. Un voisin professeur de violon se proposa de jouer pour l'occasion. On poussa les chaises contre les murs et les couples valsèrent.

La réception ne comptait pas beaucoup de jeunes filles, parce que Eurídice n'avait pas d'amies. Il y avait deux tantes pas très vieilles, une voisine pas très jolie, une autre pas très sympathique. La jeune fille la plus belle était celle qu'on voyait sur le seul portrait encadré de la pièce.

« C'est qui, cette fille en photo ? » demanda un ami du jeune marié.

Antenor lui donna un petit coup de coude, en disant que ce n'était pas des manières. Le jeune homme demeura interdit, regarda d'un côté et de l'autre, baissa les yeux sur le verre qu'il tenait. Il posa sa bière sur la table et alla à l'autre bout de la pièce.

Ce fut une cérémonie simple, suivie d'une fête

simple, suivie d'une lune de miel compliquée. Eurídice ne saigna pas, et Antenor se braqua.

« Dans quel coin tu es allée traîner ?

— Je n'ai traîné nulle part.

— Bien sûr que si.

— Mais non.

— Pas de ça avec moi, hein, tu sais très bien ce qu'on devrait voir, là.

— Oui, je le sais bien, ma sœur me l'a expliqué.

— Une traînée, voilà ce que tu es.

— Ne me parle pas comme ça, Antenor.

— Je te parle comme je veux et je te le répète, Traînée, Traînée, Traînée. »

Seule au lit, nue sous le drap, Eurídice pleurait silencieusement sous les Traînées qu'elle entendait, les Traînées que toute la rue entendait, et parce qu'elle avait mal, non plus entre les jambes, mais au cœur.

Dans les semaines qui suivirent la situation s'apaisa, et Antenor considéra qu'il n'était pas nécessaire de répudier sa femme. Elle savait faire disparaître les morceaux d'oignon, elle lavait et repassait très bien le linge, elle parlait peu et avait de jolies fesses. En outre, l'incident de cette première nuit conféra un sentiment de supériorité à Antenor, qui baissa encore plus la tête lorsqu'il sermonnait son épouse. Eurídice, en contrebas, acceptait d'être traitée de la sorte. Elle savait depuis toujours qu'elle ne valait pas grand-chose. On ne vaut pas grand-chose quand on dit au jeune homme chargé du recensement d'écrire dans le champ « Profession » les mots « Femme au foyer ».

Cecília vint au monde neuf mois et deux jours après le mariage. C'était un bébé souriant et dodu, et elle fut accueillie en fanfare par sa famille qui répétait – *Une vraie poupée !*

Afonso vint au monde l'année suivante. C'était un bébé souriant et dodu, et il fut accueilli en fanfare par sa famille qui répétait – *Un garçon !*

Responsable de l'augmentation de 100 % du noyau familial en moins de deux ans, Eurídice décida de se désinvestir de l'aspect physique de ses devoirs matrimoniaux. Comme il était impossible de faire entendre raison à Antenor, elle se fit comprendre par les kilos qu'elle accumula. C'est vrai, les kilos parlent, les kilos crient, et exigent – Ne me touche plus jamais.

Eurídice faisait durer le café du matin jusqu'au petit déjeuner de dix heures, le déjeuner jusqu'au goûter de quatre heures, et le dîner jusqu'au souper de neuf heures. Et elle remplissait les intervalles avec les restes, parce que comme le disait la publicité, la maïzena Cremogema, c'est la chose la plus délicieuse au monde. Eurídice gagna trois mentons. Ses yeux parurent rapetisser, et ses cheveux ne parvinrent bientôt plus à encadrer son visage. Constatant qu'elle avait atteint la ligne, cette ligne à partir de laquelle son mari ne s'approcherait plus d'elle, elle adopta à nouveau un rythme alimentaire sain. Elle jeûna tous les lundis matin, et entre les repas.

Son poids se stabilisa, à l'instar de la petite vie de la famille Gusmão Campelo. Antenor allait travailler, les enfants allaient à l'école et Eurídice restait à la maison, à tamiser de la farine et à ressasser les pensées stériles qui lui empoisonnaient la vie. Elle n'avait pas de travail, elle n'allait plus à l'école : comment remplir ses heures après avoir fait les lits, arrosé les plantes, balayé dans le salon, lavé le linge, assaisonné les haricots, fait cuir le riz, préparé le soufflé et fait revenir les steaks ?

Parce que figurez-vous qu'Eurídice était une femme brillante. Si on lui avait donné des calculs compliqués, elle aurait conçu des ponts. Si on lui avait donné un laboratoire, elle aurait créé des vaccins. Si on lui avait donné des pages blanches, elle aurait écrit des classiques. Mais on lui donnait des culottes sales, qu'elle lavait aussi vite que bien, avant de s'asseoir sur le sofa, de regarder ses ongles et de se demander à quoi elle aurait bien pu penser.

Et c'est ainsi qu'Eurídice arriva à la conclusion qu'elle ne devait pas penser du tout. Que pour ne pas penser du tout elle devait s'occuper à chaque instant, et que la seule activité domestique capable de l'occuper à chaque instant était celle que les exigences quotidiennes rendaient quasiment infinie : les arts culinaires. Eurídice ne serait jamais ingénieure, elle ne mettrait jamais les pieds dans un laboratoire et n'oserait jamais écrire un seul vers, mais elle se consacrerait à la seule activité qui lui était permise et qui s'apparentait un peu à l'ingénierie, à la science et à la poésie.

Tous les matins, après avoir réveillé et nourri mari et enfants, et s'en être débarrassée, Eurídice ouvrait son livre de recettes Tante Palmira. Le canard à l'orange avait tout du dîner idéal, étant donné qu'il fallait acheter un canard, et qu'il ne restait plus une orange à la maison. Elle mettait sa jolie robe et allait chez le volailler choisir un beau canard. Elle en profitait pour prendre aussi un poulet, parce que le canard devait passer la nuit à mariner dans le vin et les épices, ce qui faisait que le dîner de ce soir restait un défi à relever, et bon sang, des défis à relever, elle en avait sacrément besoin. Le canard devait être jeune et gras, le poulet devait avoir la crête bien rouge et les blancs bien fermes. Au marché, Eurídice achetait les oranges pour le lendemain, la noix de coco pour le *bolo de fubá*[1], les pruneaux pour la farce du rôti et la douzaine de bananes dont se nourriraient Afonso et Cecília, après avoir repoussé leur assiette en disant *j'aime pas ça*.

De retour chez elle, Eurídice attrapait poulet et canard par les pattes, leur tranchait le cou et s'occupait à d'autres tâches tandis que le sang coulait dans une bassine. Canard et poulet étaient ensuite plongés deux minutes dans l'eau bouillante, elle leur coupait les pattes une fois qu'ils avaient refroidi, et passait une feuille de papier enflammé sur leur corps afin de brûler les plumes. Tripes et gésier, foie et cœur étaient extraits par une petite entaille dans le ventre quand le volatile était destiné au four, ou par une longue entaille au milieu du corps si le plat nécessitait de prédécouper la viande.

Et puis il y avait les accompagnements. Les patates n'étaient jamais frites, bêtement : elles étaient frites entièrement, puis fourrées de fromage

---

1. Gâteau brésilien. *(Toutes les notes sont du traducteur.)*

et de jambon. Ensuite cuites et gratinées avec de la crème, coupées en tranches et baptisées « patates suisses ». Le riz ne fut plus jamais blanc, mais assorti de raisins secs, de petits pois et de carottes, de sauce tomate, de lait de coco et de tout autre ingrédient suggéré par Tante Palmira dans ses recettes. Blanc-manger au sirop de pruneau, île flottante, cheesecake à la noix de coco, tout ce que dictait ce livre, la maîtresse de maison le réalisait, et tout ce que réalisait cette maîtresse de maison, elle le faisait en grand.

Les prouesses culinaires d'Eurídice n'étaient pas reconnues par sa famille. Afonso et Cecília avaient du mal à avaler autre chose que des macaronis, et Antenor n'était pas homme à s'intéresser à une perche au jus de moule. Fais nous des spaghettis, disaient les enfants, fais-moi un bon steak, disait Antenor, et Eurídice retournait en cuisine pour faire bouillir l'eau des pâtes, et promettait à Antenor un filet mignon sans safran. Après un ou deux dîners simples, elle revenait aux recettes du livre, suivant à la lettre chaque indication, et surprenant sa famille avec des médaillons de porc sauce romarin.

Lorsqu'elle eut essayé toutes les recettes, Eurídice se dit qu'il était temps pour elle de faire ses propres plats. Cette Tante Palmira en connaissait évidemment un rayon, mais elle ne savait pas tout, et Eurídice doutait que le manioc cuit au lait soit un bon accompagnement pour de la viande séchée, que la marmelade de goyave aille si bien que ça avec le poulet à la milanaise, que la *farofa*[1] avait quoi que ce soit à gagner de cette sauce curry dont personne n'avait jamais entendu parler. Un jeudi matin, elle mit sa jolie robe et se rendit à la papeterie au coin de la rue.

« Bonjour, dona Eurídice.

— Bonjour, seu Antônio.

— Vous désirez quelque chose en particulier ?

— Un grand cahier à lignes. »

Seu Antônio pointa sur un rayon la pile de cahiers noirs à couverture rigide. Eurídice s'absorba avec délices dans la recherche de son cahier, et seu Antônio s'absorba avec délices dans la contemplation d'Eurídice. Peut-être parce qu'il avait dormi tant de fois dans son enfance tout contre Chica de Jesus, la nourrice noire et corpulente qui les avaient éduqués, ses frères et lui, pendant que sa mère fréquentait les salons les plus huppés de Rio, seu Antônio aima l'opulence des formes d'Eurídice. Il aima aussi ses yeux, et son nez en trompette, et ses petites mains, et la petite médaille qu'elle portait au cou, et ses chevilles rondelettes, et tout ce sur quoi son regard tomba.

Eurídice prit tout son temps. Ce cahier était destiné à recueillir ses recettes, il lui fallait donc choisir le meilleur de cette pile de cahiers à lignes, tous identiques. Elle en feuilleta un, tomba sur une page froissée et le reposa sur la pile. Elle en prit un autre, aperçut une tache sur la couverture, et le

1. Farine de manioc servant d'accompagnement.

reposa sur la pile. Elle en inspecta un troisième et ne lui trouva aucun défaut. Elle s'apprêtait à passer l'Élu à Tinoco, l'employé métis qui travaillait depuis toujours à la papeterie, lorsque seu Antônio s'avança afin de s'occuper lui-même de sa cliente. Ils parlèrent du temps qu'il faisait tandis qu'Eurídice attendait sa monnaie. Elle s'en alla sans savoir que ses commentaires sur la pluie constitueraient le meilleur moment de la semaine de cet homme.

En rentrant chez elle, Eurídice fredonnait, heureuse. Elle cessa de chantonner et se sentit moins heureuse quand elle entendit un *Bonjour, ma chère!*

Zélia, la voisine d'à côté. Zélia collectionnait les frustrations, la plus grande étant de ne pas être le Saint Esprit, qui voyait et savait tout. En vérité, elle était plus proche du Grand Méchant Loup que du Saint Esprit, parce qu'elle avait de grands yeux pour mieux voir, de grandes oreilles pour entendre et une très grande bouche qui dispensait aux voisines les principales nouvelles du quartier. Zélia avait également un cou de tortue, qui semblait s'allonger chaque fois qu'elle voyait passer devant chez elle une personne qui l'intéressait. Cette femme était plus curieuse qu'un ornithorynque, et si elle ne soulevait pas l'indignation de toute sa rue, c'était simplement parce que Zélia n'était qu'une commère parmi tant d'autres vivant à cette époque à cet endroit.

« Besoin de fournitures scolaires pour les enfants ? »

Eurídice plaqua le paquet contre sa poitrine, en

un geste suspect, même pour elle. Elle ignorait si c'était sa poitrine ou le paquet qu'elle protégeait.

« Bonjour, ma chère. C'est un… cahier pour noter les dépenses de la famille. »

Dès le lendemain, toutes les habitantes de la rue se lamentèrent sur les difficultés financières d'Eurídice et d'Antenor. Pas étonnant, disait Zélia. Eurídice dépensait sans compter chez le traiteur, et comment est-ce qu'une personne normale pouvait acheter autant d'épices dans les magasins Casa Pedro ? Sans parler des odeurs qui s'échappaient de cette cuisine. Des odeurs exotiques, rien à voir avec le riz-haricots des autres maisons. Il fallait bien que ce cirque prenne fin un jour.

Dans l'impossibilité d'être le Saint Esprit, Zélia s'était contentée d'un poste plus modeste, s'autoproclamant prophète. Ses observations empiriques débouchaient sur des prédictions précises, qui avaient pour dénominateur commun d'être sinistres, Zélia parvenant à être plus terrible que Dieu dans l'Ancien Testament. *Celle-ci, elle finira par mener son mari tout droit à la ruine*, déclara-t-elle, le menton bien haut.

Zélia ne se réveilla pas ainsi, femme ornithorynque, du jour au lendemain. Tout le monde sait bien que ces trucs de l'évolution prennent pas mal de temps. La transformation débuta dès son enfance, lorsque ce qui aurait dû être un don devint un fardeau. De son père elle avait hérité la curiosité, de sa mère une vie qui se résumait au foyer. Du monde elle tira du dégoût, et du destin le manque de choix. C'est là que se forma l'essence de ses commérages.

À croiser le regard dur de cette femme, on n'aurait pu croire qu'un jour ces yeux aient été capables de voir sans malice ; à voir ce sourire railleur, on n'aurait pu s'imaginer qu'un jour cela n'avait été qu'un sourire. Pourtant, Zélia petite fille n'était que cela : sourires et regards bienveillants. Durant le peu d'années où elle fut heureuse, elle considérait la vie si incroyable qu'elle s'opposait à tout repos, refusant de dormir. *Je peux entendre les grillons, je peux deviner les bruits de la maison, je peux penser à ce que je ferai demain matin et aux jeux de l'après-midi*, se disait-elle, les yeux grands ouverts dans l'obscurité. Toutes les nuits, la fatigue finissait par la trahir, et elle s'endormait à l'aube. Mais elle ne prenait pas longtemps à découvrir qu'elle s'était fait berner, et elle était la première à se réveiller.

Zélia se levait en chantant, mangeait en souriant et marchait d'un pas sautillant. Elle inventait des danses, distribuait les baisers et riait à gorge déployée pour le simple plaisir de rire. Tout l'amusait, les petites pierres dans les haricots, plier le linge sec, découvrir des toiles d'araignée au plafond et passer le balai dans les coins du salon. *Pourquoi le feu est chaud, pourquoi l'eau est humide, pourquoi les fourmis travaillent, pourquoi mes cheveux ne sont pas sensibles à la douleur ? Pourquoi le savon rapetisse, pourquoi de la fumée sort du steak, pourquoi les puces ne marchent pas, au lieu de sauter ?*

Les voisines condamnaient les lubies de la petite

fille – *On ne la bat pas assez, voilà tout*. Sa mère la laissait faire. *Un jour elle découvrira que la vie n'est pas comme elle se l'imagine, mais il n'y a aucune raison que ce soit aujourd'hui*, se disait-elle pleine de nostalgie, en voyant dans les sautillements de sa fille les siens propres, il y avait tant d'années de cela.

Pour Zélia, le samedi était le plus génial de tous les jours géniaux. C'était celui où elle voyait enfin son père. Álvaro Staffa était journaliste le jour et bohème la nuit. Quand il rentrait chez lui ses enfants dormaient déjà, et quand il se réveillait ils étaient déjà à l'école. Il remplissait son devoir paternel les week-ends, en s'occupant des enfants pendant que sa femme préparait le déjeuner. L'Italien se grattait la tête, regardait piteusement sa progéniture, se préparant à faire la seule chose qu'il savait faire, à part écrire et boire, à savoir parler de ce qui avait été écrit et de ce qui pourrait l'être. Il mettait Zélia sur sa jambe, posait Armandinho sur l'autre, asseyait Francisca d'un côté, Zezinho de l'autre, disait à Carlinhos, Julieta et Alice de s'asseoir en tailleur par terre, fermait la porte de la chambre pour ne pas réveiller le petit dernier, et racontait à ses enfants ses aventures de journaliste. Un jour, il était au Copacabana Palace aux côtés des candidates du concours de Miss Brésil, un autre à Niterói pour constater les dégâts provoqués par des feux d'artifice. Il y avait aussi un déjeuner au grand café Paschoal en hommage au président, la polémique autour de l'interdiction du ramassage d'ordures illégal dans les rues du centre-ville. La plaque en or que Santos Dumont reçut de ses amis et la fête du Bon Jésus du Mont. Les décrets signés sur les transports, l'incendie qui avait ravagé un taudis sur l'avenue do Mangue et l'emprisonnement de ce musicien aveugle qui jouait dans la rue Direita et avait deux jumeaux à nourrir. Une honte, cette peine d'emprisonnement, et qui montrait bien la cruauté de nos policiers!

C'était la seule heure de tranquillité de toute la semaine dans cette maison du quartier de Rio Comprido. À l'exception de la voix rauque d'Álvaro, le seul bruit audible était celui de la cocotte-minute.

Jusqu'à ce qu'enfin la prophétie de la mère de Zélia se réalise. La petite fille vécut deux tragédies, qui mirent fin une bonne fois pour toutes à ses joyeux sautillements. La première fut la mort de son père. La deuxième, lorsqu'elle découvrit qu'elle était laide.

Álvaro Staffa avait quinze ans lorsqu'il se découvrit une vocation de journaliste. À cette époque, c'était déjà un homme, formé et forgé dans les rues de Rio. À huit ans, il arriva d'Italie avec ses parents, à neuf ans, il devint orphelin. Comment il apprit le portugais, comment il apprit à lire et à écrire, comment il ne mourut pas de faim, d'une épidémie ou d'un coup de couteau, autant de mystères qui ne s'expliquent que par un destin tracé dès la naissance. Il vendit des bonbons à bord du bateau de Niterói et des tickets à la station du tramway. Il cira des chaussures, lava des vitres et vendit des journaux. Il tirait de quoi subsister de petits boulots dans la rue, et des faveurs qu'il rendait à un homme de bien, qui une fois par semaine le faisait monter dans une chambre d'hôtel du quartier de Lapa et lui demandait de marcher nu sur son dos en chantant *O sole mio*.

À treize ans, il avait déjà été arrêté neuf fois. Il savait manier le coupe-chou et était un capoeiriste redouté. Se figurant qu'il en avait assez vu et qu'il était temps de s'établir, il se traça un « plan de carrière », qui consista à décrocher une promotion dans le journal pour lequel il travaillait. De vendeur de rue, Álvaro devint grouillot de la rédaction. Un avancement incroyable. C'était la première fois qu'il travaillait avec un toit au-dessus de la tête.

Cette promotion tomba à point nommé. Quelques mois auparavant, Álvaro avait dû abandonner son emploi de chanteur nu, dorénavant trop lourd pour marcher sur le dos de l'homme de bien. Et puis de quels privilèges il jouissait à présent : il avait sa table rien qu'à lui et, quand il n'avait rien à faire, il pouvait passer l'après-midi assis, en compagnie d'un livre !

C'en fut fini de la belle vie au début de l'hiver 1918, lorsque la ville compta ses premiers cas de grippe espagnole. Au début, c'était un par-ci, un par-là. Une semaine plus tard, ce fut beaucoup par-ci, beaucoup plus encore par-là.

À la mi-octobre, plus de la moitié de la population de Rio était malade. Un mercredi matin, Álvaro, Camerino Rocha (le rédacteur en chef du journal) et le typographe se retrouvèrent seuls à la rédaction. Camerino posa un regard sur le gamin assis à sa table, lui demanda s'il savait écrire et l'envoya dans la rue, avec un crayon et un bloc-notes.

Álvaro déambula trois heures dans Rio. Il vit des hommes agoniser en vomissant du sang et des enfants parler à leur mère déjà morte. Des malades délirant, expulsés de chez eux. Des prophètes à longue barbe annonçant la fin du monde. Il entendit à travers des volets clos des cris annonciateurs de mort, et dénombra par centaines les corps jonchant les rues, mais en vain. Quand il arrivait au bout du compte, un autre défunt apparaissait, ou la charrette de la mairie venait charger les cadavres, et à peine était-elle repartie que d'autres, aussi nombreux, apparaissaient sur les seuils, attendant l'heure qui succédait à la dernière, l'heure d'espérer dégoter une place dans les fosses communes de la ville, qu'on devait rouvrir chaque jour.

Durant des semaines, Álvaro suivit la même routine : il passait à la rédaction, prenait un crayon et un bloc-notes, sortait prendre la mesure de la tragédie, et revenait avec plus d'histoires qu'il n'en fallait pour boucler l'édition. Il semblait immunisé contre cette maladie. Son corps y résistait sans qu'on sache pourquoi. Son âme, parce qu'il avait vu sa famille entière succomber à la fièvre jaune.

Quand les journalistes ayant survécu à la grippe réintégrèrent la rédaction, ils y trouvèrent Álvaro, assis devant l'une des machines à écrire. À l'exception des week-ends et du jour de Noël, il devait occuper cette même place des heures durant, jusqu'à sa mort.

Et de quoi mourut Álvaro? Il existe deux versions. Selon la première, il fut victime d'une soif inextinguible, qui l'amena à revoir l'ordre de ses priorités. Pour l'Álvaro Staffa d'avant le mariage, les visites chez le coiffeur, les fêtes d'anniversaire, ce qu'il avait mangé le matin, tout cela n'était qu'un ensemble de détails superflus, de brefs intervalles dans ce qui avait vraiment de l'importance : écrire, parler de ce qui avait été écrit, boire pour mieux parler de ce qui avait été écrit et de ce qui pourrait l'être. Pour l'Álvaro Staffa d'après (celui qui avait très soif), les priorités furent de boire pour supporter le mariage, boire avant et après être passé chez le coiffeur, se rendre aux fêtes d'anniversaire pour boire et parler, saoul, de ce qu'il avait écrit. Bien vite, il ne parvint plus à aller jusqu'au bout des histoires qu'il racontait à ses enfants. Le destin des quatre victimes du terrible accident d'omnibus dans la rue Dias da Cruz restait suspendu aux somnolences d'Álvaro Staffa. Il ne supportait pas d'entendre son premier né lui demander de se réveiller, il ne supportait pas de se faire secouer par Zélia. Álvaro commençait à raconter une histoire, dodelinait de la tête, essayait de rouvrir les yeux mais y renonçait, et il était alors impossible de savoir qui d'autre que le professeur de latin avait péri.

Il en vint même à traîner ses gueules de bois à la rédaction. Camerino le réprimanda, et pour reprendre du poil de la bête Álvaro se mit à sniffer de la cocaïne. De la pure, de l'allemande, tout droit venue des laboratoires Merck, qu'il achetait au marché noir, derrière l'hôtel Glória.

Ses changements de priorités se firent principalement sentir dans le budget familial. Jusque-là, les caisses du foyer avaient toujours suivi le même modèle logistique : elles étaient pleines au début du mois, et vides à la fin. Mais dès lors qu'Álvaro se mit à sombrer, ce ne fut plus qu'une fin de mois perpétuelle. On ne trouvait plus qu'une poignée de farine, un reste de sucre, un petit peu de haricots, un oignon solitaire. Une banane qui, on ne savait comment, avait survécu à ces enfants toujours affamés, et qui brunissait tandis que les membres de la famille se demandaient si leur misère était si grande qu'il leur fallût se réduire à manger ce fruit à moitié pourri.

Álvaro Staffa mourut de cirrhose à trente-cinq ans. Durant les funérailles, les amis partisans de cette version de son décès se lamentèrent des vices dévastateurs qui fauchaient les talents du Brésil.

Mais il existe une seconde version. Le fait est qu'Álvaro, ce garçon qui s'était fait tout seul, arbrisseau qui avait poussé droit, que la vie avait tordu et que le mariage avait redressé, ne cessa jamais d'avoir certains penchants. Álvaro aimait la rue, et le peuple de la rue. De temps en temps, il tombait sous le charme d'une métisse – c'était presque toujours les métisses qui lui tapaient dans l'œil. Puis le béguin passait, et la vie reprenait son cours.

Tel était son état d'esprit lorsque, un mardi de carnaval, il fit la connaissance d'une odalisque qui défilait au sein du groupe Tira o Dedo do Pudim (« Retire ton doigt du flan »). Ses dents étaient aussi immaculées que le blanc de ses yeux, même s'il était alors impossible de le voir : Rosa dansait les yeux fermés, la bouche épanouie en un sourire, remuant les hanches d'une façon jusqu'alors inconnue d'Álvaro. Ça, c'étaient des hanches qui avaient du caractère. Elles étaient fermes, et ciselées, et puissantes, et irrésistibles.

Il fallut trois mois à Álvaro pour faire le tour des attributs de ses hanches, dans la chambre que Rosa louait dans une pension. Le couple passait des après-midi entiers à échanger fluides et promesses d'amour, Rosa demandant des murmures en italien, et Álvaro des défilés en nu intégral. La jeune femme s'abandonna tout entière à cette passion. Álvaro n'y prêta que son pénis.

Jusqu'à ce que vienne l'heure pour Álvaro de remballer pénis et murmures en italien. Sa femme était déjà revenue de couches, et il aurait d'autres façons de se soulager. Il prit congé de Rosa comme on prend congé d'un grand-oncle, bien conscient qu'il ne la reverrait jamais, et n'en concevant aucun regret.

Rosa ne supporta pas cet abandon. Elle brisa des vases, déchira des vêtements et pensa à la strychnine. Maigrit au point qu'en plus de perdre Álvaro elle perdit ses hanches. Gagna cernes, cheveux en bataille et son renvoi du bistrot de la rue Direita où elle faisait le service.

Et tout en serait resté là, avec cette Rosa métisse ruminant la fin de son premier amour, si elle n'avait été la fille du *babalão* Oluô Teté, l'un des sorciers les plus respectés de Rio. Son centre de culte dans le quartier de Vila De Penha recevait les hommes politiques les plus influents du pays. Des voitures à chevaux venues de Botafogo s'arrêtaient devant son portail, et il en descendait des dames qui dissimulaient leur visage sous leur chapeau et derrière leur éventail. Oluô Teté ressuscitait les malades et s'exprimait en langues mortes. Il savait parler aux esprits, léviter et amener la pluie ou le beau temps.

Étant donné l'état dans lequel se trouvait sa fille, Oluô fit ce que n'importe quel père aurait fait : il serra les poings et souhaita au rital de finir en enfer. Mais dans son cas, il était plus facile de réaliser pareil vœu, puisqu'il jouissait d'un accès direct au lieu concerné. Oluô fit sacrifier une vache et demande à Rosa de lui apporter les draps dans lesquels elle s'était couchée avec Álvaro. Il drapa sa fille dans des draps tachés de sang, pria et lança des imprécations dans une langue inconnue. Durant tout le week-end, les tambours du *morro* [1] de Cariri ne cessèrent de résonner.

Le lundi matin, Álvaro se mit à boire.

La haine de Rosa et la magie de son père étaient si puissantes que les malédictions lancées à Álvaro s'étendirent à tous ceux issus de sa semence, frappant le destin de ses huit enfants, et de seize métis de la Zone Nord de Rio.

João mourut le même mois que son père. Il vit le lit vide d'Álvaro, se coucha en se contorsionnant et pleura durant trois jours, avant que la tristesse finisse par le consumer. Francisca tomba malade

1. Grandes collines boisées, typiques de Rio de Janeiro, où se concentre l'essentiel des favelas de la Zone Sud.

deux semaines plus tard. Le docteur dit qu'il s'agissait de la polio, et qu'elle ne retrouverait plus jamais l'usage de ses jambes.

Veuve et enfants avaient les souvenirs de ces mois de pénurie en horreur. On sait que Carlos, âgé alors de treize ans, devint l'homme de la maison. On sait également que la disparition des paresseux du grand parc de Campo de Santana coïncida avec la période à laquelle la famille s'essaya aux viandes exotiques.

Peu après, ils se virent annexer par une autre branche de la famille qui résidait dans le quartier de Bangu : à cette époque, les familles ressemblaient assez à ces exercices de mathématiques, avec des patatoïdes contenant certains ensembles et contenus par d'autres. La maison comptait cinq chambres et une salle de bains, avec un Jésus-Christ protégeant le seuil, et des poules et des manguiers plein le jardin. La cellule familiale de Zélia obtint une chambre, et la dernière place dans la file d'attente de la salle de bains.

Quand Zélia emménagea chez son oncle et sa tante, elle avait encore le cahier bleu que son père lui avait offert, du temps où il n'avait pas encore très soif. « C'est pour que tu y écrives ce que tu penses du monde », avait-il dit. Les petits bras de Zélia s'étaient enroulés autour du cou d'Álvaro, qui les yeux fermés avait remercié Dieu pour la famille qu'Il lui avait donnée. La prose charabiesque des premières pages évolua en paragraphes élaborés, écrits durant les mois de souffrance. C'était là l'unique bien de Zélia. Un simple cahier qu'elle cachait sous son matelas, où ses cousins le trouvèrent, pour en déclamer des passages entre deux fous rires, avant le dîner, un cahier qui valut des problèmes à sa mère qui défendit sa fille en donnant de la ceinture à ses neveux, pour se faire ensuite violenter par son propre frère. Mais pour qui elle se prenait, à la fin, elle qui était logée à l'œil ?

Quand Zélia quitta la maison de son oncle et de sa tante, le cahier n'existait déjà plus. C'était un tissu d'idioties, il avait fini à la poubelle, avec l'illusion qu'il emporterait avec lui les moqueries de ses cousins.

Zélia endura beaucoup. Elle endura les vêtements raccommodés et les petites culottes d'occasion. Elle endura la même paire de chaussures au fil des ans, trop larges au début, trop petites ensuite. Endura les rires de ses cousins et le manque d'affection de sa mère, constamment fatiguée après une journée passée à laver le linge et à préparer les repas du nouveau foyer de quinze personnes. Endura les mauvaises soupes et les pleurs de ses frères et sœurs cadets.

Mais Zélia ne put résister à l'adolescence. Quand elle aperçut deux haricots pointer au milieu de sa poitrine plate, quand elle sentit des douleurs au bas-ventre annonciatrices de saignement, quand elle découvrit des désirs et des peurs dont elle ignorait l'origine, et jusqu'à la raison d'être, son optimisme inflexible se laissa fléchir.

« Zélia a une bouche d'hippopotame, Zélia a une

bouche d'hippopotame!» disaient à présent ses cousins.

Un après-midi où la maison était presque déserte, elle s'enferma dans la salle de bains et étudia son reflet dans la glace. Ce n'était plus là le visage d'une enfant atteinte d'un léger strabisme, avec un joli ruban dans les cheveux. C'était celui d'une jeune fille aux cheveux disgracieux, aux yeux et au nez disgracieux, au front disgracieux parsemé de boutons d'acné, et à la bouche énorme, toute en lèvres et en dents. C'était une bouche abondante, exubérante, excessive. Deux grosses lignes qui tranchaient sans pitié dans le visage. Contemplant ainsi son propre reflet, Zélia se forgea l'opinion qu'elle garderait d'elle-même pour le restant de ses jours. Elle était laide.

C'était écrit dans sa destinée comme sur son visage: elle resterait toute sa vie malheureuse. Les insécurités de son enfance se mêlèrent à une amertume inédite, qui poussait dans le creux de sa poitrine comme de la mauvaise herbe. Même au tout début de l'adolescence, à l'époque où Zélia se disait encore *c'est idiot, tu ne dois pas penser comme ça*, et arrachait le chiendent amer, il revenait sans répit, et poussait de plus belle. Jusqu'à ce que Zélia cesse de l'arracher et, se regardant à nouveau dans le miroir, en conclue que la laideur de son visage et la tristesse de sa vie étaient indissociables de cette amertume au creux de sa poitrine.

C'est ainsi que naquit la Zélia au regard dur. Seule subsistait de l'ancienne Zélia la curiosité qu'elle avait de la vie, mais déformée. Elle ne lui servait plus qu'à classer les personnes dans ce cruel système de comparaisons par lequel elle appréhendait le monde. Zélia refusait d'être la seule malheureuse au monde. C'est à partir de cette époque qu'elle parvint à déceler le malheur partout, entre les faits et les rumeurs que colportait son énorme bouche.

Zélia connut une dernière lueur d'espoir, une ultime chance d'imaginer une vie plus souriante. Ce fut un peu avant ses dix-huit ans. Cela faisait plusieurs mois qu'elle correspondait avec un cousin au deuxième degré du côté de son père, un certain Nicolas Staffa, qui habitait avec sa famille dans le sud de l'État des Minas Gerais. Le père de Nicolas était entrepreneur dans les jeux et divertissements, et son influence croissait de jour en jour dans la ville de Lambari. Nicolas écrivit donc un jour à Zélia qu'il se rendrait à Rio afin de représenter son père, et qu'il en profiterait pour assister au bal de fin d'année de la société carnavalesque Clube dos Democráticos. Zélia et ses sœurs daigneraient-elles se joindre à lui? Zélia lui répondit un nœud au ventre. Bien sûr, et avec grand plaisir, elle ne manquerait pas de l'y retrouver, avec ses sœurs.

Zélia Staffa, Zélia Staffa, se disait la jeune fille en souriant. La vie était décidément pleine d'ironie. Ces derniers mois, elle s'était amusée à combiner son prénom avec les noms de famille des garçons qu'elle connaissait. Zélia Camargo, Zélia Cavalieri, Zélia Calixto. *Qui aurait cru*, pensait-elle, *qu'avec toutes ces combinaisons possibles, elle en viendrait à s'appeler à nouveau Zélia Staffa. Zélia Staffa, Zélia Staffa*. Ça lui allait bien.

Zélia avait alors conscience des dimensions de sa bouche, et de tout le dégoût qu'elles pouvaient susciter. Mais ses échanges épistolaires avec Nicolas la poussaient à espérer, à deux titres : le premier était qu'ils avaient déjà fait connaissance, et que le jeune homme, de son plein gré, avait continué à correspondre avec Zélia même après qu'elle lui eut décrit en détail le peu de charme de son visage. Le second était que, lorsque Zélia écrivait, elle devenait l'une des jeunes femmes les plus intéressantes de son époque.

Zélia ne pensait plus qu'au bal. Elle chantonnait à voix basse, s'amusait à se faire des tresses et, pour la dernière fois de sa vie, afficha des sourires qui rappelaient ceux de son enfance. Elle confectionna elle-même sa robe, rose clair, à la jupe évasée et aux manches bouffantes. Elle confectionna un boléro de tissu ivoire pour son entrée et sa sortie du bal. S'acheta une nouvelle paire de gants, loua un chapeau pour la soirée, et emprunta les boucles d'oreilles de sa sœur aînée. Suivit les conseils beauté du *Jornal das Moças*. Posa des rondelles de concombre sur ses yeux, fit tremper ses cheveux dans de l'aloé vera, et prit un bain avec des gouttes d'iode, afin que sa peau prenne une couleur d'ambre. Le jour du bal, Zélia était si heureuse qu'elle se sentait belle.

Mais le bal ne se passa pas bien du tout. Le Nicolas de cette soirée ne ressemblait pas à celui qui lui écrivait. Il se montra courtois, mais distant. Souriant, mais réservé. Les conversations mouraient d'elles-mêmes après trois phrases. Il y avait entre eux plus de kilomètres que ceux qui séparent Lambari de Rio, une distance qu'ils avaient su si bien réduire au cours de ces mois de correspondance.

Aux alentours de minuit, Zélia cessa d'attendre de ce bal les heures de plaisir que lui avaient values les lettres de Nicolas. Elle laissa le jeune homme au beau milieu de la salle en lui disant qu'elle devait se remaquiller. Nicolas ne broncha pas, se contentant d'un simple acquiescement. Zélia tourna les talons et son monde s'effondra. La jeune femme intéressante qu'elle était, ou du moins qu'elle croyait être avec Nicolas, laissa place à une fille triste et sans assurance. À chaque pas qui la rapprochait des toilettes, ce manque d'assurance augmentait. Quand, à mi-chemin, elle jeta un coup d'œil à la grande glace murale, elle ne vit qu'une robe un peu de guingois, des manches trop bouffantes et une horrible bouche d'hippopotame.

Le mutisme de Nicolas modifia du tout au tout l'image qu'elle se faisait d'elle-même. Elle en conclut que personne ici ne se plairait à ses côtés. Elle ne savait pas s'habiller. Ses cheveux n'étaient pas assez bouclés. Le fard qui donnait un relatif relief à son visage s'était presque totalement volatilisé. Et ce rouge à lèvres, quelle idée avait-elle eue de se mettre du rouge à lèvres ? C'était aussi criard qu'un feu de signalisation. Zélia se trouva une chaise dans un coin de la salle, et s'y tint pendant le restant de la soirée. Elle aurait voulu se fondre dans le décor, mais c'était impossible. Sa bouche ne pouvait disparaître aussi facilement.

Mais la plus grande erreur de cette soirée ne fut ni la robe, ni la coiffure, ni le rouge à lèvres. Dans ce petit coin de la salle se trouvait Plínio, un jeune homme au cou fin et au regard anxieux, comme s'il était constamment en proie à une furieuse envie d'uriner. Quand Zélia s'approcha, il ne vit ni la raideur de ses cheveux, ni la démesure de sa bouche. Il ne vit qu'une jeune fille qui, comme lui, semblait aimer les coins.

Ils se marièrent l'année suivante. Plínio Correia devait passer quarante ans au même poste de gérant de la compagnie d'électricité Light à Rio. Son salaire ne serait jamais ni mirobolant ni déplorable, et ses ambitions oscilleraient entre le néant et l'insignifiant. Il n'attendait rien d'autre de la vie que le train-train habituel ; à ses yeux, l'inconnu était toujours menaçant. La seule aventure de toute son existence fut une excursion de cinq jours à Foz do Iguaçu, à la frontière paraguayenne. Il devait vieillir avec Zélia de cette façon si répandue de vieillir, qui consiste à s'éloigner chaque jour un peu plus de l'autre.

Zélia considéra d'abord le mariage comme une façon d'effacer ses années de malheur à Bangu. Puis elle considéra le mariage comme une erreur. Une erreur qui ronflait chaque nuit à côté d'elle. Quand elle regardait Plínio dormir la bouche ouverte, Zélia pensait à la médiocrité de sa vie. Elle pensait à Nicolas, se disait qu'elle aurait dû insister un peu plus, cette nuit-là. Se disait qu'elle aurait pu devenir la reine des casinos de Lambari, plutôt que d'être la femme de personne dans le quartier de Tijuca.

Ce que Zélia ne sut jamais, c'est que la froideur de Nicolas au cours du bal n'avait pour cause ni l'indigence intellectuelle ni les traits imparfaits de sa correspondante. Ce qui arriva cette nuit-là, c'est que le jeune homme, habitué à la petite vingtaine de femmes en âge de se marier que comptait Lambari, fut victime d'une overdose de stimuli face à la foule de ravissantes jeunes filles qui se pressait au bal du Clube do Democráticos. *Cette ville est un vrai paradis*, se dit-il. Il n'eut aucun mal à revoir l'ordre de ses priorités, reléguant le mariage en fin de liste pour laisser de la place à quelques années d'aventures et d'expériences.

Peut-être fut-ce l'œuvre d'Oluô Teté (après s'être fait trahir pour la huitième fois, le sorcier perdit patience et jeta une malédiction à toutes les femmes de Rio). Le fait est que, depuis l'époque de la mère de Rosa, les cariocas portent le fardeau d'être belles, intelligentes, et si nombreuses que les hommes de la ville peuvent s'offrir le luxe de ne pas arrêter leur choix à une seule d'entre elles.

Et c'est ainsi que Zélia atterrit à Tijuca, bien consciente qu'elle n'en sortirait jamais. En vérité, c'était loin d'être le quartier le plus désagréable. Cela valait bien mieux, et de loin, que la chambre miteuse de Bangu. Seulement, la nouvelle Zélia était incapable de distinguer les petits cadeaux de l'existence. Elle ne parvenait qu'à voir son mari mi-figue mi-raisin, ses enfants pas si beaux que ça, sa maison quelconque. Elle était encerclée d'erreurs. La petite fille qui avait un jour reçu un cahier bleu continuait à explorer le monde, pour n'en relever que les défauts les plus immédiats, et qu'elle était la seule à remarquer.

Si sa voisine ne lui disait pas bonjour, ce n'était pas parce qu'elle ne l'avait pas vue, mais par mépris. S'il y avait un insecte dans la marmelade de goyave, c'était que le vendeur avait sciemment omis de l'enlever, et l'avait sciemment trompée sur la marchandise. Si dona Irene grossissait, c'est qu'elle était malheureuse, si elle maigrissait, c'est qu'elle était déprimée. Si la fille du boulanger aidait son père à la caisse, c'est parce qu'elle voulait se trouver un mari, si elle ne l'aidait pas, c'était par pure paresse. Si sa filleule avait de bonnes notes, c'est qu'elle voulait faire son intéressante, et si elle cachait son carnet scolaire, c'est qu'elle était idiote.

« Et toi, espèce d'inutile, tu sais faire autre chose qu'écouter la radio ? » Zélia croisait les bras et avançait son menton en galoche en direction de son mari.

Assis dans son coin, Plínio ne répondait pas. Il avait succombé à ce mal qui touche tant d'hommes après quelques années de mariage : le vœu de silence. À partir des noces de cuir, le nombre de ses syllabes fut plus petit que celui de ses rots.

Les déplaisirs constants de Zélia finirent par modifier son apparence. Lorsqu'elle épluchait une citrouille, lorsqu'elle débouchait l'évier, lorsqu'elle dépoussiérait les étagères les plus hautes, Zélia faisait tout un tas de grimaces, qui au début juraient sur son visage jeune, mais qui peu à peu se fondirent dans ses traits.

Ses yeux se cernèrent de violet à cause de ses mauvaises nuits. Car si enfant Zélia luttait contre le sommeil, elle oublia par la suite comment dormir. Et pourtant, qu'est-ce qu'une petite nuit de sommeil lui aurait fait du bien, dans cette vie ennuyeuse qu'était la sienne ! Mais rien ne venait. Zélia empilait nuit blanche sur nuit blanche, chacune exacerbant un peu plus ses cernes et sa mauvaise humeur. Ces insomnies si désirées à l'âge innocent devinrent un fardeau qu'elle dut porter durant le reste de ses jours, trop nombreux.

Au bout d'un temps, lorsque Zélia croisait un miroir, elle prit l'habitude de détourner le regard, contrariée. Difficile de dire si elle était aigrie parce qu'elle était laide, ou si elle était laide parce qu'elle était aigrie. Son salut, c'était la fenêtre. De là, elle pouvait voir tout ce qui n'était pas elle. Et c'est de là qu'elle voyait Eurídice, cette femme qui semblait tout sauf heureuse en ménage, et qui méritait donc les jugements définitifs dont raffolait Zélia.

« La ruine. Souvenez-vous bien de ce que je vous dis. Eurídice ne sait cuisiner que des banquets, mais d'ici quelques années à peine, elle ne pourra plus se nourrir que de farines. »

2

Ses difficultés financières n'existant que dans la tête des autres, Eurídice poursuivit tranquillement son projet. Elle inventait des gâteaux, testait des soupes et créait des sauces, détaillant les étapes de chaque recette dans son cahier. En vérité, ce cahier était véritablement son journal intime. Le récit de ce qu'elle faisait pour endurer ces années d'exil domestique, pour rendre moins oppressants les murs de cette maison.

Au bout de quelques mois, l'écriture inclinée d'Eurídice avait rempli toutes les pages du cahier noir, et elle jugea qu'il fallait montrer le résultat à son mari. Elle projeta un dîner spécial, avec un plat qu'aimait Antenor : des paupiettes de dinde sauce madère.

La veille du dîner, elle passa chez le volailler acheter une dinde. Elle rentra chez elle l'animal dans les bras, sous le regard indigné de Zélia, Noël étant encore loin. Eurídice lâcha la dinde dans le jardin et alla remplir une calebasse de cachaça, qu'elle ferait boire à l'animal avant de le tuer. L'alcool rendrait la dinde plus docile, et sa viande plus tendre. Elle referma le placard des alcools et resta un instant ainsi, appuyée au meuble. Son cahier de recettes était un livre à part entière : elle voulait le faire publier, et qui sait, peut-être en écrire un deuxième. Eurídice pourrait avoir son émission culinaire à la radio, ou sa chronique dans le *Jornal das Moças* ! Elle pourrait donner des cours d'art de la table aux jeunes mariées. En s'imaginant tout cela, ses grands yeux devinrent plus grands encore. Tout cela était possible, il fallait simplement en parler à Antenor. Oui, il suffisait d'en parler à son époux. Ses yeux reprirent leurs dimensions normales. Elle avala deux gorgées de cachaça avant d'en faire boire à la dinde.

Le soir du Grand Banquet, Antenor rentra à cinq heures et demie, comme toujours. Il embrassa son épouse sur le front et alla se changer dans la chambre. Il enfila ses chaussons et réintégra la salle à manger pour le dîner, servi tous les soirs à six heures. Des parfums encore plus extraordinaires que les fumets extraordinaires de la cuisine d'Eurídice emplissaient la salle à manger, les chambres et jusqu'à la maison voisine, poussant Antenor à se plaindre une fois de plus : « Encore de la soupe au caillou ? »

Antenor fut surpris de voir la nappe italienne qui ne sortait de l'armoire que pour les grandes occasions. De voir le verre à pied qui ne se remplissait de vin que les nuits de Noël. De voir ce repas composé de toute une succession de plats, soupe de fruits de mer, salade au fromage de chèvre, pommes de terre agrémentées de meringues au fromage, et ces paupiettes de dinde qu'il aimait tant, *avec ce truc marron dessus*. Par-dessus tout, ce fut le manque d'appétit de sa femme qui le surprit, le fait qu'au lieu de jouer de la fourchette comme elle en avait l'habitude, elle se contentât de rester assise bien sagement à ses côtés. Eurídice alla servir le dessert aux enfants dans la cuisine. Antenor était au beau milieu de son mille-feuille d'agrumes sauce chocolat lorsqu'elle emplit son verre de vin, en but une gorgée et posa le cahier sur la table.

« Regarde, Antenor », dit-elle en faisant glisser le cahier vers son mari. « J'ai noté toutes mes recettes là-dedans. À ton avis, on peut le faire publier ? »

C'était là le prétexte qu'attendait Antenor pour mettre son dessert de côté. Il laissa s'échapper un rot discret et feuilleta le cahier. Eurídice attendit immobile, dans le bruissement des pages tournées. Jusqu'à l'éclat de rire de son mari.

« Arrête un peu tes bêtises. Qui achèterait un livre écrit par une femme au foyer ? »

Ce ricanement entra par une oreille d'Eurídice, et jamais n'en ressortit par l'autre. Elle baissa la tête, s'occupa les mains en tripotant les volants de son tablier de cuisine, et essaya de plaider sa cause. Elle lui dit qu'elle cuisinait depuis des années, et que de son point de vue tous ces plats étaient dignes d'intérêt. Mais Antenor n'était pas du genre à parler pour rien. Il n'ouvrait la bouche que pour dire ce qui lui semblait important.

« Passe-moi les cure-dents. »

Et Eurídice, qui ne connaissait de la vie que cette maison et ce quartier, et le quartier et la maison de ses parents, se dit que son époux avait raison. Antenor connaissait le monde. Il avait étudié la comptabilité, il était fonctionnaire de la Banque du Brésil, et il discutait politique avec les autres hommes. Quand elle travaillait sur ses recettes, elle avait la certitude de faire quelque chose d'important, mais face à son mari, tout ce qu'elle faisait perdait de son sens et de sa valeur. Publier un livre, parler à la radio, enseigner la cuisine, ce n'était après tout que des rêves idiots. La clairvoyance, c'était le don d'Antenor, pas le sien : une clairvoyance qui reposait sur tout ce qu'il voyait par la vitre du tram quand il se rendait au bureau. Mais c'était bien plus que ne pouvait en voir Eurídice, dont le monde se résumait aux murs de sa maison, aux étals du marché, aux rayons de l'épicerie, et à ce vide immense qui la gênait.

La fin de cette soirée ne différa pas de toutes les autres. Mère et fille débarrassèrent la table, tandis qu'Antenor et Afonso écoutaient la chaîne de radio nationale. Eurídice fit la vaisselle sans relever la tête. Une larme ou deux se perdirent au fond de l'évier.

« C'est bien, comme ça, maman ? »

Hissée sur la pointe des pieds, au sommet d'un tabouret, Cecília aidait sa mère en essuyant les plats.

« C'est très bien, Cecília. Un jour, tu seras une parfaite maîtresse de maison. »

La dernière chose qu'Eurídice débarrassa fut le cahier de recettes. Elle en caressa la couverture, leva les yeux et détourna le visage. Puis jeta à la poubelle le cahier, qui atterrit sur les restes du mille-feuille.

Deux heures plus tard, Antenor ronflait sous l'effet du vin, et Eurídice ne cessait de se retourner sous les draps. Elle le savait, c'était là un bon mari.

Antenor ne traînait pas la nuit d'orgie en orgie, et à la maison ne levait jamais la main sur personne. Il gagnait bien sa vie, se plaignait peu et parlait avec les enfants. Il n'aimait pas être dérangé quand il écoutait la radio ou qu'il lisait le journal, quand il faisait la grasse matinée ou la sieste, et tant que ses chaussons restaient bien parallèles au pied du lit, tant que son café était servi quasi bouillant, tant que le lait ne faisait pas de peau, tant que les enfants ne couraient pas dans la maison, tant que les oreillers restaient bien posés en diagonale, tant qu'on n'ouvrait les fenêtres qu'après quatre heures, tant qu'on ne faisait pas un bruit avant sept heures, tant que le volume de la radio n'était ni trop haut ni trop bas, tant que jamais, sous aucun prétexte, le même plat n'était servi d'un repas à l'autre, et tant que la salle de bains sentait l'eucalyptus, il n'exigeait rien de personne.

Voilà.

Mais ce n'est pas totalement vrai.

C'est presque la vérité.

Ce presque était directement lié à cette nuit si triste où elle avait déçu son mari, incapable qu'elle avait été de souiller les draps comme il fallait. Si Eurídice l'avait pu, elle aurait enterré cette nuit dans le jardin, aux côtés des carcasses de poulet qu'elle avait ensevelies, sous les conseils de la voisine selon qui les plantes poussaient mieux ainsi.

Seulement Antenor l'en empêchait, à cause des Nuits du Petit Whisky.

Cela arrivait tous les deux ou trois mois. Antenor rentrait à la maison, embrassait le front de son épouse, allait se changer dans la chambre et revenait au salon avec ses chaussons. Quand Eurídice et Cecília commençaient à mettre la table, il déclarait : « Aujourd'hui je dîne plus tard : je vais d'abord boire un petit whisky. » Eurídice lui jetait un regard qui signifiait *Tu sais très bien ce qui se passe quand tu bois un petit whisky*, et Antenor lui répondait d'un regard qui lui disait *Je sais très bien ce que je fais*.

Mais la vérité, c'est que les Nuits du Petit Whisky, la seule chose que savait Antenor, c'était qu'il buvait du whisky. Dès les premières gorgées, des choses bizarres se produisaient, et Antenor ne pouvait répondre que par la confrontation.

Au tout début des Nuits du Petit Whisky, tout semblait aller bien. Antenor était Antenor, Eurídice était Eurídice, et Afonso et Cecília étaient deux enfants heureux qui jouaient au bilboquet dans le salon. Les transformations avaient lieu à mesure que le verre se vidait : Eurídice (qui les Nuits du Petit Whisky, s'empressait de mettre les enfants au lit) était toujours Eurídice quand elle sortait du salon, mais à son retour elle n'était plus que *la traînée qui n'avait pas su préserver sa pureté pour son mari*.

« C'était qui ? »

Enfoncé dans son fauteuil, le verre de whisky à la main, Antenor regardait sa femme comme l'homme trahi qu'il croyait être. Et les choses ne faisaient qu'empirer avec la réplique : « Qui ça, Antenor ?

— Lui, Eurídice. Lui. J'ai le droit de savoir qui c'était ! »

L'homme qu'il devenait alors souffrait. Il pleurait jusqu'à avoir le nez qui coule. Il se lamentait comme jamais sur son sort. C'était quelqu'un de travailleur, quelqu'un de sérieux. Il ne méritait pas d'avoir épousé une traînée.

Et les transformations ne s'arrêtaient pas là. Afonso et Cecília n'étaient plus les enfants d'Antenor, mais ceux de Dieu sait qui, parce qu'une femme qui n'avait pas su préserver sa virginité pouvait très bien vivre le restant de ses jours dans l'infamie, et lui méritait ça ? Il méritait ça ? « Dis-moi un peu, Eurídice, je mérite ça, moi ? Pourquoi, pourquoi, pourquoi ? »

Le seul point positif des Nuits du Petit Whisky, c'était qu'elles ne duraient jamais longtemps : Antenor finissait toujours par s'endormir sur le canapé, et Eurídice prenait le verre de whisky de la main inerte de son mari en disant à voix basse : « Antenor, c'est ce whisky qui a volé la virginité de ta femme. C'est ce whisky qui, quand tu le bois, me rend impure. »

Oui, c'était un bon mari. C'était ce que se disait Eurídice en cette Nuit du Grand Banquet, qui s'était malheureusement transformée en Nuit du Cahier Jeté à la Poubelle. Généralement, Eurídice se calmait en se convainquant des qualités de son époux, mais cette fois, cela ne fonctionna pas. Le ricanement d'Antenor ne lui laissait pas fermer l'œil.

Quand l'horloge du salon sonna trois fois, elle le prit comme un appel. Elle se leva, enfila ses chaussons et alla fouiller la poubelle de la cuisine. Le cahier était recouvert des restes de gâteau, tas de feuilles collées entre elles par la sauce chocolat. Des mots avaient été à moitié effacés, ce qui compliquait la bonne application de chaque étape des recettes. Par exemple, il était impossible de suivre la recette des *brigadeiros*[1], mais Eurídice ne s'en soucia pas parce qu'elle la connaissait par cœur, et qu'après l'avoir essayée à l'occasion du premier anniversaire de Cecília, toutes les femmes de sa rue avaient oublié la recette originale : de fait, c'était ses *brigadeiros* à elle qu'on dégustait à tous les anniversaires du quartier de Tijuca. En définitive, que la recette soit lisible ou non, quelle importance ? C'était même à se demander à quoi bon sauver ce cahier. Eurídice laissa là ses pensées en nettoyant la couverture noire à l'aide d'un torchon. Elle intercala du papier ministre entre les pages humides, puis cacha le cahier derrière les exemplaires de l'encyclopédie qui décorait la bibliothèque du salon.

Elle retourna dans sa chambre, et ce n'est qu'alors qu'elle trouva le sommeil.

Et la vie suivit son cours. Pour les enfants, bananes et spaghettis. Pour l'époux, des plats sans oignon, pour éviter les indigestions. Pour Eurídice, une jour-

1. Confiserie brésilienne à base de chocolat et lait concentré.

née qui s'arrêtait précocement, la laissant libre de s'asseoir sur le canapé pour contempler ses ongles.

Et Eurídice contemplait ses ongles avec tristesse, parce qu'elle était en deuil. Les mois qui suivirent l'enterrement du cahier derrière les volumes de l'encyclopédie furent difficiles. Elle essaya de s'occuper davantage de ses enfants, mais ce dévouement était, disons, comme atteint de strabisme. D'un œil elle habillait Afonso et Cecília pour qu'ils aillent à l'école, et de l'autre elle se demandait : *Il n'y a rien à espérer de la vie que ça?* D'un œil elle aidait les enfants à faire leurs devoirs, et de l'autre elle se demandait : *Et quand ils n'auront plus besoin de moi?* D'un œil elle leur racontait des histoires, et de l'autre elle se demandait : *Y a-t-il une autre vie possible, loin des uniformes scolaires, des tables de multiplication et des comptines?*

Ce qui l'aidait un peu, en vérité ce qui l'aidait énormément, c'était les *radionovelas*. Tous les jours à trois heures de l'après-midi, Eurídice s'enfonçait dans le fauteuil, à côté du transistor, appuyait sur les boutons de l'appareil et fixait la bibliothèque qui occupait tout un mur du salon. Son regard se perdait parmi les dos des ouvrages, et à travers ces dos, elle voyait Frederico et Pedro, deux amis amoureux de la fille d'un fermier. Elle voyait Betina, une femme mystérieuse et amnésique que des pêcheurs avaient retrouvée, inconsciente, sur une plage. Et elle voyait Maria Helena, si jeune, si seule, et si désespérément enceinte.

En se tordant les mains, Eurídice retenait son souffle pour tous ces personnages, les yeux rivés aux livres de la bibliothèque – *Non, Pedro, par pitié, ne tue pas Frederico ! Betina, n'embrasse pas Ricardo, c'est lui qui a tué ta mère ! Et Maria Helena, ton fils réussira dans la vie, ne t'en fais pas ! Mamãe Dolores fera de lui un grand médecin.* Toutes sortes de choses arrivaient dans cette petite boîte marron, mais rien n'arrivait jamais dans la vie d'Eurídice Gusmão.

Et sa vie devint encore plus tristement tranquille lorsque les Gusmão Campelo s'offrirent l'un des luxes de cette époque, et de bien d'autres époques encore : une employée de maison. Maria das Dores arrivait à l'heure pour servir le café matinal de ses employeurs, et repartait après avoir nettoyé la dernière assiette du dîner, laissant derrière elle des lits faits à la perfection, des planchers brillants de cire et une salle de bains étincelante. Eurídice se chargeait toujours du marché, de l'épicerie, de la boucherie et du volailler, ainsi que de toute activité nécessitant qu'elle sorte de chez elle, à condition qu'elle puisse rentrer à trois heures de l'après-midi pour allumer le transistor, se tordre les mains et fixer la bibliothèque.

Les *radionovelas* ne lui changèrent les idées que peu de temps. Au bout de quelques mois, Eurídice allumait le transistor, regardait la bibliothèque et ne se demandait plus si Rita devait épouser Paulo Afonso ou Ricardo Brito, mais s'interrogeait sur le sens de la vie.

Elle était constamment de mauvaise humeur. Même à son mari, il lui arrivait de répondre de travers.

« Dis, Eurídice, je vois de la peau de lait dans mon café.

— Bois-le, tu n'en verras plus. »

Les souffrances de la pauvre Maria das Dores ne firent qu'empirer. Aux yeux d'Eurídice, les draps des lits faits avaient toujours des plis, le parquet ciré avait toujours de nouvelles rayures, et il restait toujours des poils pubiens dans le bac à douche immaculé. Cela ne gênait pas Das Dores de commencer ses corvées à sept heures du matin et de s'en aller après huit heures du soir, cela ne la gênait pas de préparer jour après jour les mêmes repas à base de riz, haricots et viande, cela ne la gênait pas de repasser les chemisiers en lin et les costumes en cachemire dans la petite pièce du fond, où l'été régnaient des températures dignes d'un zénith équatorial, du moment qu'elle rentrait à temps chez elle pour voir ses trois amours. Maria das Dores était mère de trois enfants qui grandissaient seuls, se nourrissaient des plats qu'elle leur laissait dans le four et enfilaient les vêtements qu'elle laissait dans la commode, et qui à présent étaient en âge de ne pas faire de bêtises à la maison, sans qu'il soit nécessaire de les attacher dans leur chambre afin qu'ils ne s'approchent ni des couteaux ni des feux de la cuisine.

Mais ceci n'est pas l'histoire de Maria das Dores. Maria das Dores n'apparaît ici que de temps en temps, à l'heure de laver la vaisselle ou de faire les lits. C'est l'histoire d'Eurídice Gusmão, une femme qui aurait pu exister.

3

Eurídice avait besoin de se trouver un nouveau projet. Elle avait besoin de quelque chose qui occuperait ses matinées oisives et ses heures anxieuses de fin d'après-midi, quand ses enfants n'étaient pas encore rentrés de l'école, et qu'elle n'avait non pas la vague impression, mais la certitude absolue de pouvoir basculer d'un instant à l'autre dans la folie. Durant ces heures perdues, elle sentait la solitude se transformer en angoisse, l'angoisse se transformer en folie et la folie lui murmurer, d'une voix calme mais ferme : *Un jour je t'aurai, un jour je t'aurai, un jour je t'aurai.*

Un vendredi, après avoir claqué la porte pour sortir prendre l'air (*Das Dores fait tout de travers, Das Dores est vraiment idiote, Das Dores a sali une nappe, brûlé un pantalon, brisé un verre, perdu mes boucles d'oreilles*), Eurídice laissa ses pas la guider jusque chez le coiffeur, qui avait nommé son échoppe L'Ébouriffant. Cela faisait deux semaines qu'elle ne s'y était pas rendue, et une bonne épouse se devait d'être toujours belle pour son mari, sous peine qu'il aille chercher ailleurs ce qu'il ne trouvait pas chez lui (dans ce cas, des cheveux frisés et des ongles rouges, ainsi que tout ce qui se trouvait entre la pointe des cheveux en question et le bout des ongles sus-cités).

Assise sous le casque sèche-cheveux qui accueillait toutes les têtes de l'élite féminine de Tijuca, feuilletant distraitement un exemplaire du *Jornal das Moças*, Eurídice s'attarda plus que de coutume sur la rubrique mode et couture. Un article expliquait en détail les vingt-trois étapes de la confection d'une robe. Il fallait prendre les mesures, découper le patron, coudre à la main, coudre à la machine, essayer la robe, en faire une autre, achever avec les finitions, les volants, attacher les boutons, coudre la boutonnière, faire l'ourlet, et tiens donc, quelle incroyable coïncidence, c'était exactement une robe comme ça qu'il fallait à Eurídice, non parce qu'elle était jolie, pas même parce que c'était un vêtement, mais parce qu'il y en avait pour neuf patrons et vingt-trois étapes de choses qu'elle ignorait.

Il fallut quatre jours pour convaincre Antenor d'investir dans une machine à coudre. Le premier jour, il refusa. Puis il refusa. Suite à quoi il refusa. Jusqu'à ce qu'enfin il dise : « Ne me chauffe plus les oreilles avec tes histoires de mode et couture, c'est en train de me sortir par les yeux. S'il faut ça pour que j'aie enfin la paix chez moi, alors va l'acheter tout de suite, cette machine à coudre ! »

Eurídice venait d'apprendre l'une des plus anciennes méthodes de guérilla féminine : le combat par la répétition, qui poussait toujours les hommes à dire oui.

Le lendemain, elle enfila sa jolie robe et se rendit en centre-ville pour faire l'acquisition de sa machine à coudre Singer. Elle la serrait beaucoup, sa jolie robe, mais elle ne s'en soucia pas. C'était un lundi, jour de régime pour elle, mais le fait est qu'en vérité, durant les semaines qui suivraient, Eurídice serait si absorbée par l'apprentissage de la couture qu'elle en oublierait de manger, qu'elle en oublierait de chercher des poux à Maria das Dores, mais voyez plutôt, comme c'est curieux, elle n'en oublia pas ses enfants, et les habillait avec mille soins avant qu'ils partent pour l'école, et les accueillait avec des sourires en fin d'après-midi, les aidait avec plaisir à faire leurs devoirs, et demandait à Cecília si elle voulait un nouveau tablier, à Afonso s'il voulait un autre pantalon bleu, et tandis qu'Antenor s'habituait aux images que diffusait la télévision qu'il avait récemment achetée (*Voici le récit d'Untel, témoin oculaire des événements*), Eurídice découpait le patron dans du papier brun, faisait des plis, réalisait des ourlets en point arrière, cousait des fermetures éclair et se perdait dans les zigzags de sa machine à coudre, dont les bruits étaient une véritable musique à ses oreilles. Et si cette musique avait eu des paroles, elles auraient parlé de mains occupées, d'esprit tranquille, de projets achevés et de paix.

Enfin. Ce n'était pas vraiment de cette oreille que l'entendait Zélia quand elle la plaquait au mur mitoyen de leurs maisons respectives. Les bruits de la machine étaient bien évidemment les mêmes, mais pour Zélia ils racontaient une tout autre histoire. Qu'est-ce qui pouvait bien amener une femme au foyer qui fréquentait la boutique Sloper, achetait les habits de son mari à la Casa José Silva et ceux de ses enfants à la boutique Bonita, qu'est-ce qui pouvait bien pousser l'épouse d'un fonctionnaire émérite de la Banque du Brésil à passer ses nuits, parfois jusqu'à l'aube (aucun bruit de cette maison, pas même le plus petit, n'échappait à la vigilance de Zélia), penchée sur une machine à coudre ?

La pauvre femme, vraiment ! Les bruits incessants de la machine ne faisaient qu'étayer ce que Zélia savait déjà : les conditions de vie de la famille voisine étaient déplorables, au point qu'Eurídice était à présent obligée de confectionner elle-même leur garde-robe. Les fumets ensorcelants de ces repas, cette télévision si loquace, tout cela n'était qu'illusion. Tôt ou tard, Antenor devrait se défaire de cet appareil, car s'il avait été le premier de sa rue à avoir une télévision, il ne faisait aucun doute qu'il serait également le premier à ne plus en avoir. Les Gusmão Campelo ne pouvaient continuer longtemps à mener un tel train de vie.

Les jours qui suivirent, toutes les femmes de la rue se lamentèrent sur le sort d'Eurídice et d'Antenor, qui connaissaient des difficultés financières considérables. Certaines étaient prêtes à parier qu'il ne se passerait pas un mois avant que Maria das Dores soit congédiée. D'autres disaient que, comme tant d'autres employées de maison, elle ne recevait déjà pour seul paiement que le droit de partager leurs repas. Et puis c'était sans compter les autres dépenses. Les paiements mensuels pour l'école des enfants ne seraient bientôt plus versés en temps et en heure, peut-être Cecília et Afonso allaient-ils devoir se rabattre sur une école publique dès ce deuxième semestre. Ils allaient devoir tout acheter à crédit à l'épicerie, et ne consulteraient plus jamais les illustres docteurs de l'immeuble Marquês de Herval.

Mais ces difficultés financières n'existaient que dans la tête des autres, sans le moindre rapport avec l'immense désir qu'avait Eurídice de poursuivre son projet. Quel bonheur que ces mois-là. Quand les enfants rentraient de l'école, ils étaient reçus par une Eurídice au regard scintillant de curiosité et au cœur débordant d'attention.

« Qu'est-ce que vous avez appris aujourd'hui, à l'école ? »

Afonso parlait d'amphibiens, Cecília de planètes.

« Maman, tu savais qu'il y avait neuf planètes qui tournent autour du soleil, et que la Terre était la troisième, et que si elle était plus près du soleil il ferait beaucoup trop chaud et personne ne pourrait y vivre, et que si elle était plus loin il ferait beaucoup trop froid et tout le monde mourrait ?

— Et la Lune, disait Eurídice, tu savais que la Lune tournait autour de la Terre, et qu'il y a beaucoup d'autres lunes dans l'univers, mais que cette lune n'appartient qu'à la Terre, mais que Jupiter en a plus de dix ? »

Cecília ouvrait grands les yeux, captivée, et Afonso ouvrait grands les yeux pour imiter sa sœur. Eurídice grimpait sur le petit tabouret et attrapait sur la dernière étagère de la bibliothèque le tome de l'encyclopédie où il était question de planètes et de constellations, et s'amusait à leur lire ce qui y était écrit sur les origines de l'univers, la position des étoiles et la multitude de soleils qui brillaient très loin de la Terre. Cette Eurídice-là expliquait tout si bien que Cecília en sut plus que toutes ses camarades, et Afonso en vint à apprendre certaines choses bien avant ses amis.

Eurídice mettait ensuite la main sur le tome où il était question des amphibiens, et leur montrait des photos de grenouilles de toutes les couleurs, expliquant que ces bêtes ne respiraient pas que par le nez, mais par toute la peau, et qu'est-ce que c'était intéressant, parce que nous, nous ne respirons que par le nez, et quand on respire, l'air qui entre, c'est de l'oxygène, alors que l'air qui ressort, c'est du gaz carbonique, et cela ils l'apprendraient bien à l'école, mais ça ne coûtait rien de prendre un peu d'avance, voyons voir ce que l'encyclopédie a encore à nous dire. Eurídice grimpait à nouveau sur le tabouret pour se saisir d'un tome concernant le corps humain. Puis elle prenait le tome où figurait le tableau périodique des éléments, et ces heures de fin d'après-midi passaient à toute vitesse. Eurídice avec un livre sur les genoux, un enfant de part et d'autre, une horloge qui sonnait à chaque heure, et que personne n'entendait.

Antenor rentrait et embrassait le front de sa femme. Il se changeait dans la chambre et revenait au salon en chaussons. La famille était réunie pour le dîner, dont les plats apparaissaient et disparaissaient par le truchement de cette femme qui travaillait en silence dans la cuisine, Maria das Dores, mère de trois enfants.

Antenor demandait à Afonso et Cecília comment s'était passée l'école, et ils lui répondaient planètes et amphibiens. Il promettait de les emmener le samedi suivant dans la forêt de Tijuca, pour pêcher des têtards dans le lac. « Comme ça vous verrez de près les fistons de ces amphibiens que vous avez vus dans vos livres. » Les enfants sautaient de joie et allaient annoncer la bonne nouvelle à Eurídice, qui cousait à l'autre bout du canapé. Eurídice souriait sans relever les yeux de son tissu, et fixait encore les points quand Antenor emmenait les enfants dans le jardin, afin de leur montrer la Croix du Sud, Vénus et peut-être même la constellation du Scorpion.

Puis les enfants rentraient et enfilaient leur pyjama pour attendre au lit que leur père leur raconte les histoires de Monteiro Lobato. « Alors, on en était où ? » « Au chapitre 6 des travaux d'Hercule, papa. » « Exactement, les douze travaux d'Hercule. » Antenor lisait quatre ou cinq pages avant qu'Afonso s'endorme, et s'apprêtait à partir quand Cecília disait : « Encore une page, papa, je veux savoir, pour les centaures. » Antenor lisait quelques pages de plus, jusqu'à ce que Cecília se mette à bâiller. C'était agréable de voir sa fille s'intéresser ainsi aux choses. Il voulait que Cecília finisse l'école et, qui sait, entre à l'université. Et qu'elle fasse un bon mariage. Il ne restait plus qu'à poser un baiser sur la joue de chaque enfant et à aller se coucher : le lendemain, les réunions de travail allaient se succéder.

Une demi-heure plus tard, toute la maison se

retrouvait plongée dans le silence et l'obscurité, à l'exception de la petite lampe fixée sur la machine Singer d'Eurídice Gusmão, et des bruits discrets de points. Eurídice cousait jusqu'à l'épuisement, et allait dormir d'un sommeil sans rêve, parce qu'elle n'avait plus besoin de rêver.

Après quelques mois, Eurídice retomba dans l'intranquillité. Mais c'est qu'elle ne savait plus quels vêtements inventer pour ses enfants, quelle tenue de travail créer pour Maria das Dores, quels rideaux confectionner pour le salon, et quelle chemise coudre pour Antenor. Il lui fallait de nouveaux projets, et ce n'étaient pas les opportunités qui manquaient. Eurídice vivait dans une rue surpeuplée de femmes, à une époque où les boutiques étaient rares, deux facteurs déterminants dans le succès de son entreprise.

Le jour où Eurídice se mit en quête de clientes, tout Tijuca fut plongé dans une extrême tristesse. Ça faisait de la peine de voir cette pauvre femme si bien habillée quémander des petits travaux de couture. Eurídice n'avait plus une jolie robe pour sortir, elle en avait sept, huit ou neuf, voire dix. Elle en avait une pour chaque jour de la semaine, plus une autre parce que cette cotonnade lui avait tapé dans l'œil, et une autre parce qu'elle était tombée sur du lin à carreaux en promotion. Une autre encore parce qu'elle l'avait vue portée par un mannequin de réclame, et qu'elle s'était mise au défi d'en faire le patron.

Ainsi Eurídice battait-elle le pavé, vêtue d'une robe rouge évasée. Une robe qui jadis aurait pris toute la largeur du trottoir, mais qui n'en occupait à présent plus qu'une partie très discrète, pour la simple raison que durant ces mois de couture Eurídice avait perdu deux mentons et plusieurs tailles, un peu parce qu'elle ne pensait quasiment plus qu'à ses travaux, et un peu parce qu'elle s'était imaginée plus ravissante que jamais dans cette petite robe cintrée.

« Tout à fait, je peux réaliser n'importe quel modèle du *Jornal das Moças* et de la *Revista do Rádio*. Il suffit de me le montrer, et je suis en mesure de le réaliser. Pour le tissu, madame, soit vous l'achetez vous-même, soit je m'en charge, comme bon vous semblera.

— Très bien », disait la cliente, les yeux pleins de soulagement à l'idée de ne pas être dans la même position. Un soulagement qui inspirait la bonté et la poussait à répondre : « Faites-moi donc ce modèle-ci. Achetez le tissu, et ajoutez ça au prix final. Si vous voulez une avance, je peux vous la faire tout de suite. »

Zélia elle-même commanda un modèle, et ce ne fut ni par nécessité ni par pitié pour Eurídice, mais parce que prises de mesures et essayages auraient lieu dans l'un des coins les plus intéressants de tout Tijuca : le salon de sa voisine. Un endroit où Zélia n'avait jamais mis les pieds, et dans lequel elle allait pouvoir fourrer son nez à l'invitation même d'Eurídice.

Durant les journées d'essayage de sa robe extrêmement compliquée, les yeux de Zélia s'attachaient à tout ce qui n'était pas tissu. Le cabinet en bois d'Amazonie avec ses cinq rangées de douze verres en cristal de Bohême, pour le vin rouge, pour le vin blanc, pour le whisky, le champagne et les liqueurs, le buffet du même bois à trois tiroirs et poignées d'acier doré, le lustre Maria Tereza à vingt-quatre feux, douze bras et trente-six prismes de cristal, la table en cerisier à plateau de verre avec les huit sièges assortis (dont l'un, elle le remarqua aussitôt, avait un pied cassé), un autre buffet avec deux plateaux en argent ouvragé et un assortiment de cristaux (Bohême et Baccarat), les deux tapis persans rectangulaires aux innombrables variations de pourpre et de beige, et toutes les merveilles de la technologie qu'Antenor se faisait un point d'honneur à acheter dès qu'on en faisait la publicité, car il aimait se considérer comme un homme en avance sur son temps : le transistor dans sa commode à pieds fins, le petit gramophone dans un coin de la bibliothèque, le ventilateur sur pied, la télévision dans une autre commode à pieds fins, dont la couleur, cela n'échappa à Zélia, différait de celle du transistor, ce qui ne manquait pas de nuire cruellement à l'harmonie du salon.

Pour Eurídice, Zélia n'était qu'une cliente parmi tant d'autres. À toute heure, on sonnait à la porte pour essayer une robe ou une veste. Das Dores faisait plus de litres de café qu'un café-boulangerie aux heures de pointe. Le tintement des tasses se confondait avec le brouhaha des conversations, parce qu'un essayage n'était jamais un simple essayage. C'était un essayage et une question sur l'école des enfants, un essayage et une plainte à propos des prix de l'épicerie, un essayage et un passage en revue de tout le voisinage.

D'autres projets suivirent. On racontait dans tout le quartier que telle dame, afin de faire rentrer de l'argent au foyer, acceptait toute sorte de travaux de mode et couture. Pour la troisième fois dans le mois, Eurídice dut acheter à la papeterie un nouveau cahier afin d'y noter les mensurations et les commandes de ses clientes. Ce fut le plus beau mois de toute la vie de seu Antônio. Le célibataire endurci partagea son temps entre la vente de papier et cahiers, et un repos bien mérité dans son appartement, où il vivait avec sa mère, dona Eulália. À peine entrait-il chez lui qu'il entendait sa mère se plaindre de diverses maladies ou se remémorer l'époque où leur famille avait connu la richesse. Sa mère parlait tellement qu'il serait plus juste de dire qu'Antônio divisait son temps entre le fait d'écouter sa mère et un repos bien mérité, dans sa papeterie, à vendre papier et cahiers.

Eurídice augmenta également le nombre de ses visites à la boutique de tissus de la rue Buenos Aires. Une cliente voulait un tissu, une autre en voulait un autre, une troisième commandait une jupe juste au moment où Eurídice revenait du centre-ville, les bras chargés de mètres de lin et de tergal. Elle repartait alors dans les mêmes boutiques pour se replonger dans les empilements textiles. Elle saluait chaleureusement les gérants, faisait un fugace coucou à d'autres clientes, prenait des nouvelles de la caissière qui avait attrapé la grippe. Puis elle se concentrait sur les étalages, à la recherche de bonnes affaires.

Durant l'un de ces après-midi passés dans les plis et replis, Eurídice ne remarqua même pas la présence d'une femme qui lui ressemblait énormément. Une femme au regard inquiet, sa main serrant son médaillon dans le creux de sa poitrine. Elle s'appuyait à une colonne, tout près d'Eurídice. Il aurait suffi d'un pas pour qu'elle se rende compte de sa présence. Rien qu'un pas, qu'elle ne fit pas.

Eurídice restait dans son petit monde, consultant les mesures qu'elle avait notées dans un petit carnet et soumettant ses coupes aux boutiquiers. Elle passa à la caisse, paya le tissu et rentra chez elle, pensive. Elle avait la tête pleine de projets et de délais à respecter. Les après-midi et les petits matins ne suffisaient plus à abattre tout ce travail. La solution, c'était de déléguer, et c'est ainsi qu'Eurídice eut recours aux services d'une autre couturière du nom de Maricotinha.

Dona Maricotinha portait des lunettes papillon et une coupe à la garçonne avec des accroche-cœurs. Sa bouche était constamment pincée, et ses bras ne semblaient destinés qu'à rester croisés. Elle débutait la plupart de ses phrases d'un « mais », qui ne sortait de cette bouche que pour annoncer des problèmes. « Mais si madame veut qu'on mette des boutons là, la robe ne tombera pas bien. Mais si mademoiselle veut un plus petit ourlet, la jupe perdra en mouvement. »

Et ici le lecteur se demande : toutes les femmes de cette histoire sont-elles soit tristes, soit aigries ?

D'aucune façon. Certaines femmes de la connaissance d'Eurídice eurent de la chance. Isaltina aimait broder, chacun de ses rires dévoilait des dents parfaites, rires que du reste elle n'économisait pas, parce qu'elle avait un mari avec qui elle aimait parler, et qui était en mesure de payer les consultations chez le dentiste. Margarida était une veuve très heureuse, car Dieu lui avait pris son mari mais lui avait laissé sa pension, et quelle chance que cela n'ait pas été le contraire. Celina ne se maria pas, mais fit un bon héritage. Du reste elle avait un bon ami, qui la visitait tous les mercredis et vendredis.

De son côté, dona Maricotinha ne considérait pas la vie comme un cadeau. Elle la considérait comme une absurdité. Absurdité que d'avoir à travailler en tant que couturière passé les cinquante ans. La faute revenait à son mari, qui n'eut pas la chance de mourir d'emphysème, mais même ainsi finit par trépasser. Et s'il trépassa, mais cela dona Maricotinha l'ignorait, c'était parce qu'il n'avait pas assez fait de mal pour mériter l'enfer, que la vie aux côtés de cette femme était déjà une forme de purgatoire, et qu'il était temps pour lui de connaître mieux.

Début juin, les premières bourrasques hivernales s'engouffrèrent dans les rues de Tijuca. L'une d'elles s'abattit de plein fouet sur la nuque d'Antenor, alors qu'il sortait de la salle de bains en tenue d'Adam pour aller chercher une nouvelle boîte de talc dans la chambre. Si Antenor avait perdu l'habitude de se talquer les parties intimes à l'âge auquel le reste des mortels a coutume de le faire, rien de ce qui suivit ne serait arrivé. Mais c'est le poids du destin : il faisait froid, il n'y avait plus de talc dans l'armoire à pharmacie et Antenor aimait apporter cette touche finale à sa toilette, raison pour laquelle il sortit de la salle de bains comme il était venu au monde. Durant ce court trajet dans le plus simple appareil, un courant d'air lui fouetta la nuque, descendit le long de sa colonne vertébrale, provoquant un frisson, qui provoqua un éternuement, et Antenor se dit qu'il allait tomber malade.

Le lendemain, il traîna les pieds jusqu'à son bureau, puis pour rentrer chez lui. Deux jours plus tard, il n'était plus en mesure que de traîner les pieds jusqu'à la salle de bains, puis de se remettre au lit. Mais il ne quitta pas même ses draps. Ni pour le thé que lui apporta Eurídice, ni pour le bouillon de poule qu'elle lui apporta, ni pour un autre thé, ni pour un autre bouillon.

Cet après-midi, la fièvre ne baissa pas. Pendant ces heures de délire, Antenor rata son tramway, et dépassa la date de remise de son dernier projet. Il oublia de régler la facture d'électricité, et d'enfiler un pantalon. À présent la maison tout entière était plongée dans l'obscurité, et tous les voisins scrutaient son corps exposé sans vergogne avec des regards de procureur. Il n'oublia pas ses enfants, mais ses enfants oublièrent leçons et raison, cessèrent de faire leurs devoirs, et redoublèrent. Eurídice, où es-tu, Eurídice ? C'était à cause d'Eurídice que tout cela était arrivé. Pourquoi est-ce qu'elle ne m'a pas prévenu que le tramway arrivait, pourquoi ne m'a-t-elle pas rappelé la date de ma remise de projet ? À quoi était-elle occupée, quand il aurait fallu me dire de régler la facture et d'enfiler un pantalon ? Pourquoi n'a-t-elle pas aidé les enfants à faire leurs devoirs ? Maintenant ils vont nous couper l'électricité et me licencier de la banque. À cause de cette femme, tout le monde répétera à l'unisson, dans toutes les rues du quartier : *raté, raté, raté*. Et c'est pour cela qu'il répétait à voix basse : *traînée, traînée, traînée.*

La fièvre ne tombait pas, et le docteur diagnostiqua une pneumonie. Il prescrivit un antibiotique, de l'aspirine et indiqua à Eurídice de passer sous l'eau froide le gant de toilette qui reposait sur le front d'Antenor, toutes les vingt minutes. Du début de l'après-midi jusqu'à l'aube du jour suivant, Eurídice répéta ce geste cinquante-quatre fois, et si ce ne fut pas le gant de toilette imbibé d'eau froide qui sauva Antenor, ce furent les mains d'Eurídice, qui ne quittèrent le front de son époux que pour se joindre en une prière, tout au long de cette nuit.

Le lendemain matin, Antenor ouvrit les yeux. Ce fut un immense soulagement d'apprendre qu'il n'avait oublié ni de prendre son tramway, ni de rendre son projet, ni d'enfiler son pantalon. Les enfants étaient à l'école, et sa femme à son chevet. Eurídice n'était pas une traînée. Eurídice était ce qui donnait un sens à tous ces aspects de sa vie qui, sans elle, n'auraient été que des pièces éparses d'un puzzle sans cohérence. Et c'est là, à cet instant précis, tandis qu'Eurídice caressait ses cheveux trempés de sueur, qu'Antenor aima sa femme plus que jamais. Ce serait si bon d'arriver à croire qu'Eurídice disait la vérité au sujet de la nuit de noces, ou, mieux encore, de se persuader que cela n'avait pas d'importance. Mais Antenor en était incapable. Il en était tout simplement incapable.

Antenor passa cette matinée alité. Il oscilla entre la veille et le sommeil, accepta le bouillon de poule, le thé et les caresses. La fenêtre qui donnait sur la rue demeurait entrouverte, c'était si agréable de somnoler ainsi en entendant ces bruits quotidiens qu'il ne connaissait pas, le chaudronnier proposant ses services, le boulanger vendant ses petits pains, le rémouleur aiguisant des couteaux.

Après le déjeuner, Antenor entendit d'autres sons chez lui. Des femmes conversaient, entraient et sortaient, et lui qui ne se serait jamais imaginé qu'Eurídice avait autant d'amies. Et comment se faisait-il qu'il entendît les bruits de la machine à coudre dans un coin de la pièce alors que la voix d'Eurídice lui venait du coin opposé ? Très étrange, tout cela. Antenor se leva et se dirigea vers le salon, sans traîner les pieds, preuve à ses yeux qu'il allait mieux.

Mais ce fut sa surprise face à cette scène qui lui redonna véritablement un coup de fouet.

Face au miroir, une Zélia uniquement vêtue des pieds à la taille scrutait les cristaux du buffet tandis qu'Eurídice, agenouillée, définissait l'ourlet de la jupe de la voisine. Une autre femme uniquement vêtue de la taille aux épaules se faisait prendre ses mesures par une dame à lunettes. Deux métisses, assises sur le canapé, prenaient le café en grignotant des petits gâteaux secs. Une *petite négresse aux cheveux fous* vêtue d'une robe de coton multicolore travaillait sur la machine à coudre d'Eurídice. La table basse ressemblait à un étal de boutique de tissu de la rue Buenos Aires. Le tapis persan était recouvert de chutes, de bouts de fil et de mètres déroulés. La table à manger disparaissait sous les patrons en papier brun, les ciseaux, les règles, les bobines et deux boîtes à couture.

« Qu'est-ce que c'est que ce bazar dans mon salon ? »

Zélia poussa un cri, l'une des femmes renversa son café et une autre tenta de cacher sa demi-nudité avec des chutes. Eurídice regarda son mari, puis baissa les yeux.

« Je suis juste en train de tailler des robes pour mes amies... »

C'était bien la plus absurde des explications. Non, Antenor se refusait à soutenir un tel charivari, la transformation de son salon en un atelier de couture, la transmutation de sa maison en auberge espagnole, avec ce constant va-et-vient de femmes, pire encore que dans un cabinet médical. Et qui était cette *petite négresse* penchée sur la machine à coudre Singer ?

« C'est Damiana, elle m'a été recommandée par dona Maricotinha... »

Et qui était cette dona Maricotinha ?

Eurídice jugea bon de tout raconter d'un coup. Dona Maricotinha était son assistante, et Damina était l'assistante de son assistante, parce qu'à présent elle travaillait pour les femmes du quartier tout entier, et qu'elle aurait été incapable d'abattre seule tout ce travail. Et puis on sait bien comment ça se passe, en plus de la couture, il faut recevoir les clientes, parler des modèles, prendre les mesures et faire des essayages, et pendant qu'elle s'occupait d'une chose ses assistantes s'occupaient d'une autre, et ainsi chaque projet avançait plus rapidement.

Cette description rudimentaire de la chaîne de production ne plut pas à Antenor : plus il en entendait, plus ses narines se dilataient, tant et si bien qu'au bout d'un temps il en vint à ressembler à King Kong. Toutes les dames présentes dans le salon trouvèrent une excuse pour prendre congé, parce que la boucherie allait fermer, et qu'il allait pleuvoir, et qu'il était tard. Seule resta la *petite négresse* abattue devant la machine à coudre, simplement parce qu'elle avait besoin de son salaire journalier pour s'acheter de quoi dîner.

Eurídice se doutait que cela finirait par arriver. Dès le début de la grippe d'Antenor, elle avait annulé ses rendez-vous avec ses clientes, mais à partir du troisième jour, elles étaient venues chez elle sans se faire annoncer. Il y avait un bal, un dîner au tennis club de Tijuca et une fête au club de Bragança, et où d'autre pouvait-on s'informer de ce qui se passait entre quatre murs qu'entre ceux où vivait Eurídice ? Dans le salon, Eurídice demandait à ce que tout le monde parle à voix basse, et c'était le contraire qui arrivait. Puis elle avait croisé les doigts de toutes ses forces pour qu'Antenor ne quitte pas sa chambre, et c'était encore le contraire qui était arrivé. Alors elle songea qu'Antenor, sortant de la chambre, pourrait s'intéresser à son projet et s'enthousiasmer, tout en sachant que cela n'arriverait jamais.

Au cours des mois où Eurídice avait endossé le rôle de Couturière la plus Capable et la plus Agréable de Tijuca (et de Muda, et de Grajaú, et de Vila Isabel, São Cristóvão, Rio Comprido, Praça da Bandeira et de Fátima), Antenor n'avait pas même eu conscience des ambitions artisanales de son épouse. Cette fois-ci, Eurídice avait eu recours à une autre technique de guérilla féminine : le combat par omission (qui empêche tout bonnement les hommes de dire non).

Elle savait qu'un jour ou l'autre il lui faudrait informer son mari de ses activités, et qu'elle ne récolterait que sa désapprobation. Elle se dit par conséquent qu'elle pourrait remettre cette discussion à, qui sait, peut-être jamais.

Dès le début de l'après-midi, le salon se transformait en atelier, et un peu avant cinq heures Das Dores et Eurídice transformaient l'atelier en salon. Patrons, revues et tissus disparaissaient, et les rares objets qui pouvaient échapper à leur vigilance n'avaient en soi rien d'incriminant. Antenor ne prêtait pas la moindre attention aux choses de la maison. De son point de vue, il existait une frontière presque physique entre ses territoires et ceux d'Eurídice. Sous leur toit, Antenor ne circulait que dans les espaces qui lui étaient réservés, ne s'aventurant jamais hors des trajets chambre/salle de bains, salle de bains/chambre, canapé/table à dîner, table à dîner/chambre, chambre/salle de bains/table de l'office/vestibule. Ce qui se trouvait en dehors de ces ornières n'avait pas le moindre intérêt. En dehors de ces limites, Antenor était presque comme un étranger chez lui. Il ignorait ce qu'il y avait dans le réfrigérateur, dans les placards de la cuisine et plus que tout dans l'évier. Il ne s'intéressait pas au contenu du buffet, ne jetait un regard que de temps à autre à la bibliothèque, parce que dans un sens elle lui appartenait un peu, à cause des ouvrages de Monteiro Lobato qu'il lisait aux enfants.

Le reste, c'était le reste, et c'était la chasse gardée d'Eurídice. Sous ce toit, son rôle à lui était de ramener de l'argent, salir les assiettes et défaire les draps, sans savoir comment on avait lavé le linge et comment on avait préparé les repas. C'est pour cette raison qu'il ne découvrit jamais les dizaines de mètres de tissu cachés dans le buffet, ni la pile de magazines de couture dans le placard de la bibliothèque, ni les cinquante-sept patrons derrière le canapé. Et à présent qu'il voyait tout cela pour la première fois, Antenor se sentit à nouveau trahi en tant que mari, avec l'avantage dans ce cas précis d'avoir toute la raison de son côté.

Quand les narines d'Antenor ne purent plus se dilater, la *petite négresse aux cheveux fous* jugea préférable de ne pas dîner ce soir-là.

« Dona Eurídice, j'vais prendre cette robe qu'on a pas finie qui est sur la planche à repasser pour la finir chez moi. »

Antenor n'avait jamais éprouvé une telle colère. La seule chose qui le retint de jeter machine Singer, assistante et planche à repasser par la fenêtre fut la crainte de ce que dirait le voisinage. Et c'était également par crainte de ce que dirait le voisinage qu'il ne voulait pas que sa femme fasse des travaux de couture pour d'autres. Si son épouse travaillait trop, on le considérerait assurément comme un homme de peu.

Machine et assistante ne passèrent pas par la fenêtre, mais les voisins trouvèrent beaucoup à raconter sur les cris qu'on entendit cette nuit-là. Zélia n'eut même pas à coller son oreille au mur. *Alors c'est ça, je me tue à la tâche dans cette banque pour que tu passes du bon temps à faire n'importe quoi, et que je retrouve la maison sens dessus dessous?* Mais Antenor, moi aussi j'aime bien travailler. *Ton travail c'est de t'occuper de la maison et des enfants.* Mais ça ne m'empêche pas de faire tout ça, Antenor. *Ah oui, ah oui? Et dans ce cas comment ça se fait que tu ne me fais plus jamais de paupiettes de dinde? Ces paupiettes avec ce truc marron par-dessus.* Parce que tu m'as dit que ça te faisait énormément roter après. *Ah, tout de suite les bonnes excuses.* Mais c'est pourtant ce que tu m'as dit, Antenor, tu m'as dit que tu ne voulais plus manger de ces paupiettes, que la nuit tu ne pouvais manger aucun plat avec de l'oignon, même émincé et haché. *J'ai besoin d'une épouse qui se dévoue entièrement au foyer. Ta responsabilité, c'est que j'aie la paix, afin que je puisse aller travailler, et gagner mon salaire. Est-ce que tu as la moindre idée des difficultés que je rencontre, à la banque, avec tous ces problèmes financiers?* Non, tu ne parles jamais de ton travail.

Je n'en parle pas parce que tu ne comprendrais rien. Ne me regarde pas comme ça, Antenor, je suis une bonne épouse. *Une bonne épouse, ça ne se lance pas dans des projets parallèles. Une bonne épouse, ça n'a d'yeux que pour son mari et ses enfants. J'ai besoin de tranquillité pour travailler, tu dois t'occuper des enfants.*

Il arriva alors une chose curieuse. Antenor se mit à répéter les mêmes phrases en boucle, incapable de s'arrêter. « Tu m'as bien entendu, Eurídice, tu m'as bien entendu ? Je sors pour travailler, et toi tu t'occupes des enfants. Tu as entendu, Eurídice, tu m'as bien entendu ? Je vais travailler, et toi tu t'occupes des enfants. » Et il n'attendait même pas qu'elle lui dise qu'elle avait bien entendu. Il enchaînait aussitôt sur la même phrase, encore, et toujours. « Je vais travailler, et toi tu t'occupes des enfants. »

Quand Antenor parvint à se libérer de ces phrases, il arriva quelque chose d'encore plus curieux : à chaque nouveau cri, la situation de ses enfants empirait. Les ongles de Cecília étaient sales, Afonso avait les cheveux trop longs. Tous deux avaient le nez qui coulait, abondamment, sans discontinuer, tout le temps. Des miasmes verts, jaunes, sanguinolents. Cela faisait des semaines que ni l'un ni l'autre n'avaient mangé de repas décent, Antenor l'avait bien compris. Ses enfants ne se nourrissaient plus que de petits pains. Des petits pains ! Et encore, quand ils mangeaient. Ces gamins vivaient à la va-comme-je-te-pousse, au seul gré de la Providence. Encore un peu et on les prendrait pour des enfants des *morros*.

4

Il est un personnage très important qu'on n'a pas encore mentionné. Un personnage qui a pourtant joué un grand rôle dès l'enfance d'Eurídice, et qui est l'un des grands responsables de sa situation actuelle. Nous voulons parler de ce Quelque Chose en Eurídice Qui Ne Voulait pas Qu'Eurídice Soit Eurídice.

Le Quelque Chose en Eurídice Qui Ne Voulait pas Qu'Eurídice Soit Eurídice la tourmenta dès l'école municipale Celestino Silva, à cette époque où elle croyait encore que le monde était bon. Bon et intéressant, avec tous ces chiffres, toutes ces lettres, et ces combinaisons infinies de chiffres et de lettres. Bien avant ses petites camarades, elle dompta lettres et mots, et dès le CE1 elle ne sortait de chez elle que bien informée, après avoir lu le dos du journal qui dissimulait le visage de son père. Ses progrès nourrissaient les espoirs de sa mère, dona Ana.

« Dans un rien de temps, cette petite pourra nous aider à l'épicerie. »

La maîtresse d'Eurídice, Clara, était plus douce

que la plus douce des confitures de patate douce. Clara souriait quand ses élèves répondaient juste et souriait quand ils se trompaient : ainsi, tous voulaient avoir juste, et personne n'avait peur de se tromper. Jamais on ne la vit avec une autre jupe que sa jupe bleue, avec un autre chemisier que son chemisier blanc, et avec un autre visage que son visage souriant. Ses vêtements sentaient le savon de coco, elle sentait tout entière le savon de coco. Tous les jours après l'école, elle lavait son chemisier et l'étendait pour le faire sécher. Elle lavait également des chemisiers qui n'étaient pas les siens, que sa mère repassait et rendait aux grandes familles du quartier de Rio Comprido. Un jour froid et nuageux, Clara insista pour enfiler son uniforme encore un peu humide. Elle attrapa un rhume, puis la grippe. Elle mourut de pneumonie, et n'eût été tout le bien qu'elle avait fait à ses élèves durant ces trois années où elle enseigna, elle aurait quitté ce monde sans y laisser la moindre trace.

Elle fut remplacée par dona Josefa, dont les nouveaux élèves devaient se souvenir longtemps, à l'occasion de leurs cauchemars nocturnes. Aucun enseignant ne prépara aussi bien ses élèves à la vraie vie. Dona Josefa leur inculqua les principes de l'ironie et l'importance de la hiérarchie. Elle modela comme nulle autre des personnalités obsessionnelles compulsives, par la répétition de phrases qui emplissaient cahiers, après-midi et cauchemars cités ci-dessus. *Je n'arriverai plus en retard à l'école*, écrivait un élève une heure durant après le déjeuner, même si le lendemain il ne pouvait qu'arriver de nouveau en retard, parce que la file d'attente pour la salle de bains du taudis qu'il habitait était comparable à celle des toilettes de la gare Central do Brasil en fin d'après-midi et que, comme il n'était qu'un enfant, la dernière place lui revenait immanquablement.

Il fallut un certain temps à dona Josefa pour parvenir à appliquer ses méthodes pédagogiques à Eurídice. Il lui était impossible de critiquer de près ou de loin ses devoirs impeccables et ses interrogations toujours sans faute. De même, impossible d'ignorer cette petite main insupportable, constamment levée pour poser une question ou donner une réponse. Il ne restait qu'une heure avant la fin de la matinée, les élèves recopiaient un texte de Camões écrit au tableau. Eurídice avait déjà fini. Elle demanda la permission de parler.

« Maîtresse. Ze dois aller aux toilettes.

— Pardon ?

— Ze dois aller aux toilettes, maîtresse. »

Dona Josefa ne répondit pas. Elle se leva de son bureau, et se mit à aller et venir dans la classe. La solution pour soumettre Eurídice à sa discipline était là, sous ses yeux, et ce n'était que maintenant qu'elle la remarquait.

« Je n'ai pas compris ce que tu viens de dire. Répète.

— Il faut que z'aille aux toilettes, maîtresse. »

Elle s'arrêta, posa la main sur son menton, et plissa les yeux.

« Ze dois, z'aille... je ne connais pas ces mots. »

La classe entière ricana. Eurídice sentit pour

la première fois une boule dans son estomac, qui remonta le long de son cou pour envahir sa gorge et paralyser sa langue.

« Ze... Zeze... z'ai besoin... vous pouvez me laisser sortir, s'il vous plaît ? »

Ce jour-là, Eurídice ne fut autorisée à aller aux toilettes qu'à la condition de ne pas zézayer. Elle finit par faire pipi assise à son pupitre, et sentit l'urine refroidir lentement sous elle. Elle dut rester à l'école jusqu'en milieu d'après-midi pour copier deux cents fois sur son ardoise, Je dois aller aux toilettes. Pendant le reste de l'année, elle eut encore des besoins pressants, mais elle parvint à éviter les toilettes de l'école. Elle cessa de boire de l'eau après dix-huit heures, et refusa son lait du matin. La stratégie s'avéra payante. Très souvent, Eurídice dut contrôler sa vessie bien après la fin de l'école. Elle devait en effet souvent rester assise à son pupitre pendant une heure et demie supplémentaire, afin de copier deux cents fois sur son ardoise que c'était *Ch*arlemagne qui avait inventé l'école, et que le *J*apurá était le troisième affluent de l'Amazone.

Appuyée contre son bureau au sommet de l'estrade, un devoir parfait d'Eurídice dans les mains, dona Josefa soulevait l'hilarité de la classe.

« Tu te crois vraiment très maligne, n'est-ce pas ? Eh bien répète après moi : *G*etúlio Vargas a succédé au président Wa*sh*ington Luís. »

Eurídice ne mit pas longtemps à comprendre qu'il était préférable que Getúlio Vargas n'ait pas succédé au président Washington Luís. Mieux valait dire que l'empereur Pierre II avait succédé au président Christophe Colomb. La petite fille apprit à compter le nombre d'erreurs de ses copies, qui lui valaient la paix de l'âme. C'est ainsi que naquit le Quelque Chose en Eurídice Qui Ne Voulait pas Qu'Eurídice Soit Eurídice.

Quand le Quelque Chose en Eurídice Qui Ne Voulait pas Qu'Eurídice Soit Eurídice se fut suffisamment développé, dona Josefa cessa de harceler la petite fille. C'est plus ou moins à cette époque qu'elle apprit ce qu'étaient le bizutage et les pré*j*u-*g*és, qu'elle laissa de côté sa soif d'apprendre des *ch*oses, et qu'elle comprit que le monde était rempli de dan*g*ers et de *ch*ausse-trapes. Eurídice découvrit la perception faussée que les gens se faisaient du progrès. Elle comprit à quoi menait la ma*rch*e en avant du Brésil.

La contribution de dona Josefa au Quelque Chose d'Eurídice se vit renforcée à l'automne 1943. Eurídice avait quatorze ans révolus, et l'année débuta en fanfare. Le marché de rue qui se tenait une fois par semaine à un pâté de maisons de l'épicerie familiale fut transféré un peu plus loin. Le voisinage rechigna à rallonger le trajet de ses commissions, et s'approvisionna plus souvent à l'épicerie. Ces bénéfices inespérés réjouirent tant seu Manuel qu'il offrit à chacune de ses filles un collier en or, avec une petite médaille de Notre-Dame de Fátima en pendentif.

« Un bijou pour votre trousseau », leur dit-il d'un ton morne.

On eût dit que les deux petits écrins et leur intérieur de satin blanc contenaient des rayons de lumière, tant les visages des deux jeunes filles s'illuminèrent lorsqu'elles les ouvrirent. Eurídice et Guida embrassèrent leur père, et le laissèrent tout embarrassé au milieu du salon pour aller se mirer dans la glace de la coiffeuse maternelle. Elles se sentaient précieuses, comme si les attributs des colliers s'étendaient à tout leur corps.

« Attends, il manque quelque chose, là », dit Guida avant de se précipiter dans la salle de bains. Elle revint avec un bâton de rouge à lèvres, qu'elle s'appliqua dans une moue.

« Moi aussi j'en veux, réclama Eurídice.

— Tu es encore trop petite pour te mettre du rouge à lèvres.

— Mais je veux en mettre aussi.

— Alors fais comme ça avec ta bouche : ô. »

Eurídice imita la grimace de sa sœur. Après avoir peint les lèvres d'Eurídice, Guida traça un trait léger sur chacune de ses joues. Puis elle étala les deux traces rouges.

« Voilà, là, tu ressembles vraiment à une actrice de cinéma. »

Face à son reflet, Eurídice écarquilla les yeux.

« Coiffe-moi comme tu es coiffée, Guida. »

Guida alla chercher dans l'armoire bigoudis et épingles à cheveux. Elle manipulait la chevelure de sa sœur comme si elle savait très précisément quelle place assigner à chaque mèche. Et les mèches se transformaient en boucles châtain qui cascadaient sur les épaules de sa cadette.

« Où est-ce que tu as appris à te coiffer comme ça ?

— Par-ci par-là…

— Par-ci par-là, où ?

— Par-ci par-là, Eurídice… »

Il n'y avait pas longtemps que leur mère avait autorisé Guida à aller au cinéma avec des amies. Elle n'y allait pas que pour voir des films : elle y allait aussi pour voir les coiffures et les robes, sur la toile comme dans la salle obscure. Guida ne pouvait changer de tenue aussi souvent qu'elle l'aurait souhaité : elle n'avait qu'une jolie petite robe pour ses sorties. Mais pour ce qui était de la coiffure, ça, oui, elle pouvait choisir celle qu'elle voulait, et en changer constamment.

Eurídice reconnaissait l'autorité de sa sœur en toutes choses. Elle s'imaginait le « par-ci par-là » de Guida comme une succession d'endroits exotiques, de visages différents et d'expériences uniques. Ce « par-ci par-là » contenait tout ce qui existait par-delà les murs de l'école et de l'épicerie, le seul monde que connaissait Eurídice.

Les deux sœurs passèrent le plus clair de cet après-midi devant la coiffeuse de leur mère. Guida se sentait retomber en enfance en jouant ainsi à se coiffer, et Eurídice se sentait plus grande en imitant sa sœur. Elles ne remarquèrent ni la brise de mars qui soufflait dans les rideaux, ni le chien qui aboyait au loin. Elles n'entendirent ni le vacarme du tramway qui descendait la rue, ni le chant des canaris du voisin.

Seu Manuel se sentait riche. Le Portugais, qui

avait dû faire fondre la dent en or de feu son père pour en faire son alliance et celle de sa femme, avait à présent de quoi subvenir aux besoins de sa famille, et même faire plaisir à sa progéniture. Il se permit le luxe d'offrir à ses filles celui d'activités périscolaires. Il s'entretint avec Jean-Luc, un Européen, célibataire endurci, qui habitait au bout de la rue en compagnie de cinquante chats (selon le dernier décompte) et qui donnait des cours de français et de musique. Guida opta pour le français, Eurídice voulut apprendre à jouer de la flûte à bec.

Guida ne tint pas un mois. Le livre de conjugaison plissait d'affreuses rides sur son front lisse. Comment était-il possible d'associer toutes ces lettres qu'elle connaissait selon des combinaisons qui lui étaient inconnues? Elle déclara que ces cours nuisaient à ses résultats à l'école, et enterra le livre au fond de la bibliothèque. Elle put de nouveau s'adonner à ces longs après-midi, assise sur le divan du salon, à lire des romans à l'eau de rose ou à feuilleter des revues féminines.

Eurídice demanda à ses parents de continuer à verser la même somme à Jean-Luc, afin qu'elle puisse bénéficier de deux leçons de musique par semaine. En plus de ces leçons, elle pratiquait une heure par jour, et deux heures les samedis et dimanches. Bien vite, les exercices musicaux se transformèrent en cantates et sonates, et cantates et sonates en une poésie éthérée qui rendait tous les habitants de Santa Teresa un peu plus heureux.

La flûte fut le premier amour d'Eurídice. Elle rentrait chez elle, faisait ses devoirs en comptant scrupuleusement ses erreurs, et se campait le dos bien droit face à ses partitions. Quand l'école annonça la création d'une chorale, Eurídice se proposa d'accompagner les élèves à la flûte, et lorsque le directeur l'entendit jouer, dona Josefa n'eut pas même le temps de s'y opposer. Le mois suivant, Heitor Villa-Lobos vint parler à l'école des bienfaits du chant orphéonique. Il entendit jouer Eurídice, tira son cigare de sa bouche et dit : « Je veux cette jeune fille à mes côtés, au conservatoire. »

Eurídice eut beau faire des pieds et des mains, ses parents répondaient toujours que non, sûrement pas, assurément pas. Les cours de monsieur Jean-Luc se passaient très bien, à quoi bon vouloir plus ? Aux yeux des parents d'Eurídice, la flûte n'était pas une fin en soi. La flûte n'était qu'un simple moyen. Un moyen d'augmenter la valeur de leur fille en vue d'un bon mariage. Un moyen de divertir la famille après le dîner, lorsque l'un ou l'autre de ses membres disait : « Joue-nous cette petite marche, là. » Eurídice n'avait nul besoin de suivre l'enseignement de ce monsieur excentrique, avec sa redingote colorée.

« Mais je veux, je veux, je veux », disait la jeune fille lèvres pincées, bras croisés, sourcils froncés et le poing serré, martelant la porte de sa chambre.

Les jours qui suivirent furent le théâtre d'affrontements sans précédent. Une moitié d'Eurídice jugeait que ses parents avaient raison, l'autre moitié jugeait qu'ils avaient perdu la raison, à vouloir rejeter ainsi une invitation de Villa-Lobos. Le Quelque Chose en Eurídice Qui Ne Voulait pas Qu'Eurídice

Soit Eurídice appuyait les arguments de ses parents. Et comment ferait-elle pour se rendre au conservatoire, tout près de la plage Rouge? La compagnie d'artistes était-elle très recommandable pour une jeune fille en fleur? Tout cela n'était pas sans risque. La musique n'est acceptable qu'à la dose adéquate, car si une vie sans mélodies manque de sens, une vie avec trop de mélodies peut amener à tous les excès. Les artistes ont une existence inconstante, leur morale est ambiguë. Les artistes sont des gens différents.

« C'est bon, je n'aurai qu'à accompagner la petite au conservatoire ! déclara Guida.

— Hors de question, il faut que tu nous aides, à l'épicerie, répondit seu Manuel.

— Je n'aurai qu'à faire le double d'heures les samedis, et je pourrais l'y emmener dans la semaine.

— Ce qui t'intéresse vraiment, c'est de savoir s'il y a des jolis garçons dans ce conservatoire. Eurídice n'ira pas, et toi encore moins. »

Guida haussa les épaules, dévisagea sa sœur d'un air de dire *j'aurai essayé* et se replongea dans sa revue.

Le dialogue, ce n'était pas véritablement le point fort de cette famille. Dona Ana et seu Manuel avaient des oreilles mais n'écoutaient pas, raison pour laquelle ils étaient incapables d'assimiler ce qui ne les intéressait pas. Et rien de ce qui était différent ne les intéressait. La plus grande innovation de toute leur vie fut de cesser de vendre des tomates à Alvarães, au Portugal, pour en vendre dans la rue

Almirante Alexandrino, à Rio. Quand ils étaient en butte à quelque nouveauté, le couple ripostait par des variations sur les thèmes *Je n'ai rien vu et ça ne m'a pas plu, Je ne sais pas et je ne veux pas le savoir, Je ne veux pas et je ne voudrai jamais.* Il y avait en outre cette contre-attaque qui consistait simplement en une grimace, accompagnée des mots *On me la fait pas, à moi.* Le fait que leur fille étudie sous la houlette du plus grand musicien de cette époque dépassait de très loin ce que ces immigrés portugais pouvaient assimiler. Un homme bizarre, qu'on ne voyait jamais sans un cigare à la bouche. *On ne me la fait pas, à moi.*

Durant ces jours, Eurídice se battit plus contre ses parents qu'au cours du reste de sa vie. Elle leur cria dessus avec une véhémence dont elle ne se savait pas même capable. Comme elle désirait aller au conservatoire ! Quand elle jouait, elle pouvait aller d'un bout à l'autre de la partition sans une seule fausse note, elle pouvait interpréter parfaitement n'importe quelle mélodie. Et pourquoi la vie ne pourrait-elle pas être ainsi ? En vertu de quoi ne pouvait-elle pas faire ce dont elle avait envie, dire tout ce qu'elle pensait, jouer jusqu'à ce que ses doigts n'en puissent plus, jusqu'à ce que ses lèvres s'engourdissent, jusqu'à ne plus penser à rien ? Quand elle jouait, il n'existait plus au monde qu'elle et sa flûte, et c'était là un monde parfait, parce que c'était un monde minuscule.

Elle en avait tellement, tellement, tellement envie qu'elle mena cette guerre seule, avec l'appui sporadique de sa sœur, qui de temps à autre levait les yeux de sa revue pour l'aider. « Mais maman, peut-être qu'un jour Eurídice aura sa place dans l'orchestre symphonique ! » « Ça suffit, Guida. Mêle-toi de ce qui te regarde. » Eurídice insistait, insistait et insistait encore, même si elle savait que ses parents avaient plus de poids dans cette décision.

Arriva un point de fatigue et de lassitude extrêmes où les deux parties oublièrent que leur vocabulaire ne se limitait pas à deux ou trois mots. Eurídice ne disait que *je veux, je veux et je veux*. Les parents ne répondaient que *non, non et non*. Alors Eurídice ripostait par un *pourquoi non ?*, et les parents répliquaient par un *parce que non*, et très vite ce ne fut plus que des conversations de fous illettrés, avec d'un côté des *pourquoi non ?*, et de l'autre des *parce que non. Pourquoi non ? Parce que non. Pourquoi non ? Parce que non.* Et tous ces drames, toute cette angoisse, toute cette tension disparut en l'espace de quelques secondes, à cause d'un simple regard.

Cela arriva dans l'épicerie. C'était un jeudi après-midi, Eurídice et dona Ana étaient toutes deux à la caisse, chacune regardant d'un côté. Le déjeuner familial avait été une symphonie de *pourquoi non* et de *parce que non*. Dona Jovina arriva en compagnie de son fils José afin d'acheter des pommes de terre. Tout en passant d'un sujet de discussion à un autre (dona Jovina était venue se ravitailler aussi bien en pommes de terre qu'en ragots de tout genre), la cliente ne manqua pas de remarquer que mère et fille se faisaient la tête. Elle demanda ce qu'il en était.

Dona Ana poussa un douloureux soupir avant de révéler d'un ton désolé la controverse musicale qui mettait à feu et à sang l'appartement situé au-dessus de l'épicerie. Elle omit les cris, les verres brisés et les nombreux soirs où sa fille ne touchait pas à son assiette, sorte de grève de la faim qui creusait un peu plus ses joues à chaque dîner refusé, et la poussait à croire chaque jour un peu plus qu'elle deviendrait une grande flûtiste professionnelle.

« Eh bien, dona Jovina, moi, tout ce que je dis à Eurídice, c'est qu'une carrière musicale, ça devrait être le dernier de ses soucis. Ce qu'elle a à faire, c'est terminer ses études et s'intéresser aux choses que font les jeunes filles de son âge. Passer du temps avec des amies, faire la connaissance d'un garçon et fonder sa propre famille. »

Dona Jovina opinait du chef, et José regardait Eurídice, d'un air de flirt. La jeune fille baissa les yeux et se trémoussa sur sa chaise. À cet instant précis, Eurídice apprit que certains regards étaient différents des autres, et qu'il existait des regards capables de changer les gens non seulement de l'intérieur, mais aussi de l'extérieur, parce qu'elle se retrouvait à présent incapable de trouver une position confortable sur cette chaise. Les pommes de terre furent sélectionnées, achetées et emballées, et durant tout ce temps la jeune fille était en proie à l'inconfort, prenant conscience de son nouveau corps, révélé par un simple regard.

Le soir elle ne mangea rien, et ce ne fut pas à cause de la flûte. Ce fut à cause du flirt. De dix heures du soir à deux heures du matin elle se remémora cette scène, avec ce regard de José. De deux heures à six heures du matin, la scène tournait toujours en boucle, avec en prime des promenades main dans la main sur le Largo dos Guimarães, des dîners réunissant les deux familles et une lune de miel à Friburgo. Basculant sans cesse de la veille au sommeil, Eurídice était incapable de penser à autre chose. Pas même à une flûte, ce tout petit instrument qui ne prend presque pas de place.

Le lendemain, elle se réveilla comme si les affrontements de ces derniers jours n'avaient jamais eu lieu. Heitor Villaquoi ? Quelle flûte ? Le Quelque Chose en Eurídice Qui Ne Voulait pas Qu'Eurídice Soit Eurídice cria victoire : l'autre moitié déclara *d'accord, mais à charge de revanche*. Elle se pinça les joues pour qu'elles soient plus rouges, essaya en vain de se faire des boucles semblables à celles de Guida, et partit heureuse pour l'école. Elle compta les heures qui la séparaient de ce moment où elle rentrerait chez elle et s'assiérait sur la chaise, juste à côté de la caisse de l'épicerie.

Elle décida de révéler son secret à sa sœur. Guida faisait partie de ces filles qui savent tout à la naissance ou plutôt, dans ce cas précis, tout ce qui vaut la peine d'être su, par opposition au sens savant qu'Eurídice donnait au terme « tout ». Guida n'avait jamais été une élève exemplaire et, bien qu'elle eût achevé le cycle secondaire, elle devait encore compter sur ses doigts à l'épicerie, ce qui était tout sauf la garantie d'aboutir au bon résultat. Mais elle savait vernir de rouge les ongles de ses doigts, et sans que ça dépasse. Guida savait également parler aux adultes, et c'était elle qui avait pris dona Josefa entre quatre yeux pour lui dire: « Si j'apprends que vous avez de nouveau abusé de votre pouvoir à l'encontre de ma sœur, je vous jure que j'irai faire le pied de grue devant le bureau du ministre de l'Éducation, et que je n'en sortirai pas avant de lui avoir tout raconté dans les détails. » C'est grâce à Guida qu'Eurídice put de nouveau boire de l'eau le soir, et grâce à elle encore qu'elle se détendit un peu et parvint à tirer un trait sur son zézaiement.

Les deux sœurs étaient complémentaires. Quand Eurídice se réveillait épouvantée au beau milieu de la nuit, jurant qu'un fantôme traînait les pieds au grenier, c'était Guida qui lui prenait la main et lui disait: « Du calme, ce n'est qu'un rat avec ses petits. Écoute, c'est bien leur façon de couiner. » Quand Guida se désespérait, mains sur la tête et coudes sur son livre, à cause de tous ces types de micro-organismes qu'elle devait mémoriser pour le contrôle du lendemain, c'était Eurídice qui restait à côté d'elle, en lui disant: « On va trouver un moyen de les retenir par cœur, toutes les deux, on va d'abord commencer par les protozoaires, qui ont deux types de squelette, et qui se déplacent grâce à des flagelles ou à des cils. »

Et quand Eurídice revint de l'école en pleurs, en disant à sa mère qu'elle s'était blessée, peut-être en montant dans le tramway, c'est Guida qui se chargea des explications, offrant à Eurídice bien plus que le carré de tissu que lui tendit dona Ana, « pour étancher le sang ».

« Écoute, Eurídice, ce n'est pas une blessure, et

à partir de maintenant ça t'arrivera une fois par mois, et ça veut dire que tu es en train de devenir une femme. »

Guida alla plus loin et expliqua à Eurídice l'origine du saignement, et la façon dont les femmes tombaient enceintes. Eurídice écarquillait les yeux en découvrant cette partie du monde que sa sœur connaissait si bien. C'était un coin où de curieuses choses arrivaient, et où Guida était la plus savante des femmes. Et Guida alla plus loin encore. Elle serra sa sœur dans ses bras et lui dit qu'un jour elle serait une femme très belle, qu'elle aurait un bon mari et beaucoup d'enfants, une maison très grande, avec un jardin.

Et comment Guida savait tout cela ? Elle le savait, tout simplement. Guida faisait partie de ces filles qui savent tout à la naissance.

Par-dessus tout, Guida savait ce qu'on était censé faire en situation de flirt. Elle-même était passée au stade suivant, celui de la cour. Un dimanche d'avril, un peu avant le début des affrontements de la flûte, elle avait informé ses parents qu'*un jeune homme pour qui elle avait la plus grande estime* passerait la voir après le déjeuner.

Marcos était arrivé au moment où les cloches de l'église du Largo sonnaient deux heures, et la première impression qu'il donna fut mauvaise. Au lieu de tendre la main à seu Manuel, il lui adressa une sorte de salut oriental, chapeau à la main, se pliant en deux en signe de respect. Le Portugais trouva la chose bizarre, mais répondit en se pliant également en deux (peut-être était-ce la nouvelle mode parmi la jeunesse de Rio). Marcos ne releva pas sa gêne. Mieux valait inventer un salut exotique plutôt que de tendre sa main horriblement moite. De toute sa visite, il ne lâcha son chapeau qu'une seconde, pour saluer timidement Eurídice qui faisait semblant de lire un livre à l'autre bout du salon. Durant la demi-heure qui suivit, dona Ana et seu Manuel apprirent tout ce qu'ils avaient besoin de savoir sur ce jeune homme au visage écarlate.

« Et vous travaillez ?

— Je suis étudiant. En médecine.

— Et vous habitez où ?

— Botafogo.

— Et votre père, que fait-il ?

— Il est chef de cabinet de monsieur le maire.

— Et madame votre mère, comment s'appelle-t-elle ?

— Mariana.

— Et vous avez des frères et sœurs ?

— Cinq.

— Et quelles sont vos intentions vis-à-vis de notre fille ?

— Les plus nobles. »

Peut-être fut-ce à cause de la soudaineté de cette visite, ou à cause de l'assurance de Guida, ou peut-être parce que le prétendant habitait Botafogo et étudiait la médecine, toujours est-il que ce début de relation fut accepté sans scènes ni interdictions. Guida fut autorisée à aller au cinéma avec Marcos une fois par semaine. Le reste du temps, Marcos devait faire sa cour sur le sofa de l'appartement de la rue Almirante Alexandrino, cerné d'un côté par l'abat-jour allumé et de l'autre par dona Ana qui reprisait des chaussettes.

Marcos était un jeune homme très grand, très maigre et très distingué. Trop distingué, même. C'est ce début de relation qui dressa un mur aussi haut que le Pain de Sucre entre Guida et le reste de sa famille. À force de fréquenter Marcos, d'être caressée par ces mains qui n'avaient jamais travaillé, d'être admirée par ces yeux qui ne s'étaient jamais inquiétés, Guida vécut peu à peu dans une réalité bien trop exquise pour accepter la promiscuité des autres membres de sa famille (en l'espèce, un couple de Portugais médiocres, et une gamine avec des tresses plein les cheveux et des poils plein les jambes).

Elle passa son temps enfermée dans sa chambre. À manger ses repas à des horaires différents. Et à limiter sa contribution à la vie de famille au simple fait de feuilleter la revue *Jornal das Moças* dans le fauteuil du coin du salon.

« Ouvre cette porte, Guida. Ça fait plus d'une heure que ton père a fermé l'épicerie et il veut te voir.

— Une seconde, une seconde. Je finis de me préparer.

— Ouvre tout de suite. »

Le silence qui suivait finissait de convaincre dona Ana que cette porte ne s'ouvrirait jamais plus.

« Mais qu'est-ce que c'est que ces manières, à la fin ? Où est-ce qu'on a vu une chose pareille ? Qu'est-ce que j'ai bien pu faire pour avoir des filles aussi rebelles ? Guida ne veut rien avoir à faire avec nous, et Eurídice ne sait que se plaindre à cause de cette fichue flûte. De mon temps c'était bien différent ! Ah, si j'avais osé traiter mes parents de cette façon ! Voici une fille qui ne répond de rien, et en voici une autre qui répond à tout. »

Les disputes de fin d'après-midi devinrent une habitude, et au bout d'un temps les parents de Guida s'habituèrent à la distance de leur fille. Ils se convainquirent qu'il s'agissait d'un problème passager, qu'il n'y avait pas de quoi s'inquiéter. On avait une fille d'un côté, une autre fille de l'autre, ni l'une ni l'autre n'était enceinte, alors vendons nos tomates sans nous faire du mauvais sang. Mais Eurídice s'étonnait du silence de sa sœur.

« Guida, tu veux savoir ce qui s'est passé aujourd'hui à l'heure de la récré ?

— Hm.

— Guida, tu m'apprends à faire ce masque au citron pour le visage ?

— Hm.

— Guida, je peux lire ta revue ?

— Hm.

— Guida, on joue à se coiffer ?

— Hm. »

Guida avait beau traverser une période peu loquace, Eurídice voulait lui parler de son flirt à l'épicerie. *Elle va m'aider, en souvenir du bon vieux temps*, songeait-elle. Un temps qui n'était en vérité pas si vieux, qui ne remontait qu'à quelques mois en arrière, mais qui semblait très reculé à cause de la distance qu'avait instaurée le silence de sa sœur. Tout ça à cause de ce Marcos, qu'Eurídice avait trouvé très beau la première fois qu'elle l'avait vu, mais qu'elle trouvait à présent un peu laid, parce qu'elle était sûre qu'avec lui Guida parlait. Et elle devait tellement lui parler qu'il ne lui restait plus le moindre petit mot pour Eurídice.

« Guida ?

— Hm.

— Tu lis quoi ?

— Ça se voit pas ?

— Non.

— Bien sûr que si. C'est le *Jornal das Moças*.

— Mais qu'est-ce que tu lis ? Comme article.

— Ça ne t'intéresse pas.

— Bien sûr que ça m'intéresse, sans quoi je ne te demanderais pas.

— C'est un test. Pour savoir si ton amoureux t'aime beaucoup, ou pas.

— Je veux le faire.

— Tu n'as pas d'amoureux.

— Mais je veux le faire.

— Je viens de te dire que tu n'avais pas d'amoureux.

— Et pourquoi tu le fais ? Tu crois que Marcos ne t'aime pas ?

— Sois pas bête, Eurídice. Va jouer de ta flûte. »

Eurídice obéit et prit sa flûte. Moins parce qu'elle voulait en jouer que parce que l'instrument se trouvait à côté de Guida, et que c'était le prétexte idéal pour tendre la main et lui tirer les cheveux. Guida riposta en la pinçant presque jusqu'au sang, Eurídice contre-attaqua en enfonçant ses ongles dans la peau de sa sœur, et elles en étaient là de leurs échanges lorsque dona Ana fit irruption pour les séparer et les renvoyer dans leurs chambres respectives.

« Jamais vous ne vous étiez bagarrées ! Et c'est maintenant que vous êtes toutes les deux de grandes filles qu'il faut que je vous punisse ? »

La bagarre fit un bien immense à Eurídice, qui en profita pour pleurer toutes les larmes qu'elle réprimait depuis le début des affrontements de la flûte. Personne dans cette maison ne la comprenait, personne ne voulait son bien, et même Guida, avec qui elle ne s'était jamais brouillée, se moquait bien de ce qui pouvait lui arriver. José, lui, la comprendrait sûrement. Eurídice n'avait besoin ni d'école, ni de livres, ni de flûte, ni de Guida. Elle n'avait besoin que de José.

Elle aida plus encore ses parents à l'épicerie. « Ne vous inquiétez pas, je peux faire mes devoirs le soir. » Elle profitait d'un instant de distraction de sa sœur pour lui chaparder son rouge à lèvres, et elle avait toujours la main un peu lourde. Eurídice désirait de tout son cœur revoir José et croiser à nouveau ce regard, et elle savait que, tôt ou tard, son vœu finirait par se réaliser. Il va passer, se disait-elle, guettant la foule de badauds et s'occupant des clients en affichant des sourires pleins d'espoir.

José passa en fin de semaine. Eurídice se redressa sur sa chaise et fut prise du besoin impérieux de fixer la caisse enregistreuse. José était revenu. Avec ce regard.

Si ce n'est que cette fois ce regard était rivé sur une autre jeune fille. José entra dans l'épicerie avec Odete, qui habitait un peu plus loin. Il l'aida à faire ses emplettes, choisissant très attentivement les fruits. Il sélectionna les meilleures bananes, les meilleures pommes et les meilleures figues, tandis qu'Odete s'occupait des pommes de terre et des oignons. Tous deux ne semblaient pas même s'apercevoir de la présence des autres personnes, et dans les faits, il est vrai qu'ils étaient seuls dans la boutique, Eurídice se voyant réduite à une main prenant les billets et rendant la monnaie lors du passage à la caisse. Et il est vrai aussi que José lança un rapide regard à Eurídice, comme pour lui dire: *Pour l'autre jour, oublie ça, ce n'était pas sérieux*. José et Odete sortirent pour retrouver leur monde rien qu'à eux, laissant derrière une Eurídice au cœur brisé, coincée entre les pommes abîmées et les figues crevées qu'ils n'avaient pas choisies.

Ah, que ce fut douloureux. Si douloureux qu'Eurídice n'eut plus envie de jouer de la flûte, de lire ses livres, ni même de se tromper ou de ne pas se tromper dans ses devoirs. On aurait dit une poupée de chiffon, l'œil vitreux, la bouche close, le corps courbé vers l'avant, s'acquittant machinalement et silencieusement des tâches qui lui étaient dévolues. Eurídice, incapable de voir par-delà sa tristesse, ne remarqua pas que, pendant qu'elle s'enfermait dans son petit monde, sa sœur s'enfermait dans le sien, dans sa chambre. Les semaines qui suivirent, elle n'eut plus pour unique compagnie que celle de sa tristesse, au point de ne pas se rappeler qu'elle avait une sœur.

Et au point de ne pas entendre les bruits qui,

lundi soir, accompagnèrent la fugue de Guida. Eurídice ne sortit de sa torpeur que le lendemain matin, en entendant les cris de sa mère. « Ma Guida s'est sauvée, ma Guida s'est sauvée ! » braillait dona Ana, agenouillée devant l'armoire vide de sa fille, montrant à Eurídice qu'il existait dehors un monde bien plus cruel que celui qu'elle s'était construit en son for intérieur.

En voyant sa mère se débattre, en voyant son père serrer sa mère contre lui pour étouffer sa tristesse, en voyant que sa sœur ne se cachait dans aucun des coins de sa chambre et du reste de l'appartement, Eurídice eut l'impression qu'une pelleteuse s'enfonçait dans sa poitrine pour lui arracher le cœur. Fuguer, c'était comme de mourir, mais en pire, parce que dans la mort on part sans le savoir, et sans pouvoir dire au revoir. Mais dans la fugue, on sait qu'on part, et on ne prend même pas la peine de prendre congé. Et c'était précisément ce qu'avait fait Guida.

Mais pourquoi ? Comment avait-elle fait pour ne pas deviner que Guida s'apprêtait à fuguer ? Pourquoi n'avait-elle pas tenté de parler avec sa sœur ? Et pourquoi sa sœur n'avait-elle pas essayé de lui parler ? Et pourquoi Guida avait-elle fugué, alors que les parents lui permettaient d'aller au cinéma, et ne s'opposaient pas à sa relation avec son amoureux ? Et à présent qui allait lui expliquer toutes ces choses qu'elle ignorait ?

Eurídice n'avait de réponse pour aucune de ces questions. Elle n'avait de réponse qu'à la question *Est-ce que Guida est partie à cause de notre bagarre ?*

Elle avait besoin de trouver un sens à tout cela, elle n'avait besoin que d'une seule réponse et, pour cette raison, se dit que oui, Guida était partie un peu à cause de la bagarre, et que la responsabilité de la fugue de sa sœur lui revenait en grande partie.

La famille ne savait quoi faire de la chambre de Guida. Dona Ana laissa la porte close, mais seu Manuel finit par l'ouvrir, parce que la porte fermée lui donnait l'impression que sa fille se trouvait derrière. Mais la porte ouverte gênait également, parce qu'elle donnait sur la bibliothèque que Guida avait vidée en emportant avec elle tous ses romans à l'eau de rose. Et puis il y avait la question du lit. Seu Manuel aurait voulu enlever draps et couverture, mais dona Ana insistait pour qu'il reste en l'état : et si Guida décidait de revenir, où aurait-elle dormi ? Il fut décidé de laisser la porte de la chambre entrebâillée. Quand Eurídice passait devant en traversant le couloir, elle tournait la tête afin de voir aussi longtemps que possible à l'intérieur, comme si sa sœur allait surgir du matelas, comme par magie. Guida n'emporta pas les revues qu'elle lisait au salon. Elles demeurèrent un moment à leur place, comme un vestige. Personne ne les feuilletait, personne ne les jetait. Un jour apparut au salon une photographie encadrée de Guida. Seu Manuel et Eurídice ne demandèrent pas qui l'y avait installée.

Au début, la famille ne put supporter sa tristesse qu'à cause de l'espoir qu'il lui restait. On guettait quotidiennement le facteur : la lettre que Guida n'avait pas laissée à son départ arriverait peut-être cet après-midi. Deux fois par jour, seu Manuel courait à la pharmacie où se trouvait le seul téléphone de tout le quartier, pour savoir si sa fille avait laissé un message.

On ne reçut aucune nouvelle, et on cessa d'en attendre. Seu Manuel et dona Ana avaient cessé de pleurer, et ils ne riraient jamais plus. Voyant ses parents si vulnérables, Eurídice voulut les protéger. Elle se résolut à leur donner deux fois plus de joie. Se promit de ne plus jamais se disputer avec eux, comme elle l'avait fait durant ces jours d'affrontement autour de la flûte. Jamais, jamais de la vie elle ne ferait quoi que ce soit qui puisse les décevoir. Elle serait la meilleure fille qui ait jamais existé, la petite fille modèle, même si cette petite fille correspondait à la lettre aux préceptes du Quelque Chose en Eurídice Qui Ne Voulait pas Qu'Eurídice Soit Eurídice.

En une ultime tentative pour déterminer où se trouvait Guida, seu Manuel se rendit à la mairie.

« Dites à monsieur le chef de cabinet de monsieur le maire que le père de la petite amie de son fils Marcos est ici. »

Il se passa une heure et demie. Le Portugais serrait son chapeau dans ses mains, tout comme Marcos lorsqu'il s'était présenté chez eux. Il regardait fixement devant lui, résigné. Un peu avant l'heure du déjeuner, une dame vint lui porter une réponse.

« Monsieur Godoy me charge de vous dire qu'aucun de ses fils ne s'appelle Marcos. »

5

À présent qu'on connaît les deux moitiés d'Eurídice, on comprend mieux ses bonds en avant et ses rétractations. On comprend mieux pourquoi elle se lançait dans des projets et ne parvenait pas à s'opposer à son mari. Pourquoi elle n'avait pas dit à Antenor d'aller se faire cuire un œuf lorsqu'il avait ricané, le soir du Grand Banquet. Et pourquoi, le jour de la Grande Dispute À Cause de l'Atelier de Couture, après la Grande Grippe, Eurídice n'avait pas élevé la voix pour lui dire *ce sont mes mains et j'en fais ce que je veux, et je veux m'en servir pour coudre et te pointer du doigt, pour te dire que ce sont mes mains et que j'en fais ce que je veux*.

Eurídice ne se servit pas de ses mains pour proclamer son indépendance, mais pour y plonger son visage défait. Elle savait que son mari avait raison, que son point de vue était le plus raisonnable, et le plus en accord avec la personne raisonnable qu'elle s'était promis d'être après la fugue de Guida.

Lors de la dispute au sujet de l'atelier clandestin, Antenor avait graduellement élevé le ton, tandis qu'Eurídice avait peu à peu baissé la voix. Ses réponses s'étaient faites de plus en plus ténues. Et Zélia, qui avait commencé à écouter la dispute confortablement assise sur son divan, avait dû finir l'oreille collée au mur. Et même ainsi, impossible de savoir comment cela s'était terminé.

Mais elle n'eut pas à attendre longtemps pour avoir le fin mot de l'histoire. Prétextant des problèmes de santé, Eurídice annonça qu'elle abandonnait la couture, et qu'elle cédait à dona Maricotinha sa clientèle et l'ensemble des commandes qu'elle n'avait pas honorées. Cette double annonce souleva des protestations de part et d'autre, les clientes redoutant d'être victimes du vaudou si elles portaient un vêtement uniquement conçu et cousu par dona Maricotinha, dona Marico tinha se plaignant de ses nouvelles responsabilités. Il lui faudrait éconduire ses nombreuses clientes afin de s'occuper de celles d'Eurídice. Dona Maricotinha omit de préciser que le nombre exact de ses nombreuses clientes correspondait à une longue somme de zéros. Mais elle avança que ce surplus de travail aurait de graves conséquences sur sa tension, et elle exigea le paiement de deux mois de salaire de Damiana, afin qu'à elles deux, elles puissent satisfaire à toutes les demandes.

Eurídice ne discuta pas. Elle se présenta le lendemain avec les cruzeiros exigés, et les lui remit avec si peu de manières que dona Maricotinha faillit réévaluer à la hausse la perte de ses zéro clientes. Les deux femmes se dirent adieu, Eurídice referma la porte et un énorme silence s'abattit sur la famille Gusmão Campelo.

Il y avait, bien évidemment, les bruits des canalisations et de la douche, chaque matin. Le sifflement de la bouilloire pour le café, le bruissement du journal à la table de l'office. Il y avait dans le vestibule l'écho des pas qui menaient à l'école ou au bureau de la Banque du Brésil. Mais aucun de ces bruits ne venait d'Eurídice. Elle passait des heures assise, les yeux rivés sur la bibliothèque du salon. Das Dores finit par s'inquiéter. Cela faisait plus d'une semaine qu'Eurídice ne lui faisait plus remarquer qu'elle avait mal nettoyé les plateaux, qu'elle n'avait pas plié correctement les serviettes, qu'elle avait laissé trop de pulpe dans le jus d'orange, qu'elle avait laissé mûrir trop longtemps l'ananas.

Cecília et Afonso remarquèrent également le silence de leur mère.

« Maman, regarde le devoir que j'ai fait sur les Étrusques. Regarde cette partie, avec la carte de l'Europe que j'ai recopiée tout seul à partir du livre.

— C'est très beau, mon fils.

— Maman, j'ai fini de lire *Vies arides*. C'est très triste, comme livre.

— Vraiment très triste, Cecília. »

Eurídice ne grimpa pas sur le tabouret pour tirer de la bibliothèque le tome de l'encyclopédie correspondant et montrer à Afonso les palais étrusques. Elle ne grimpa pas sur le tabouret pour tirer de la bibliothèque ses romans dédicacés de Graciliano Ramos, et dire à Cecília qu'*Angoisse* était encore plus triste.

C'était une femme comme il faut, comme le voulait Antenor. Une femme dévouée à son foyer et à ses enfants, et qui à présent se couchait à la même heure que lui, et ne se levait pas plus tôt pour s'amuser avec la machine à coudre. Une femme qui restait sans rien dire à côté de lui quand il regardait la télévision, et qui lui présentait son front en le regardant légèrement par en dessous lorsqu'il sortait ou qu'il revenait du bureau. Elle était tout ce qu'Antenor avait toujours voulu.

Oui, elle était tout ce qu'il avait toujours voulu.

Vraiment ?

Non, absolument pas. Il ne voulait pas d'une Eurídice pareille. En voyant sa femme si détachée et si silencieuse, Antenor se dit que ce qu'il croyait désirer n'était peut-être pas ce qu'il désirait. Mais alors que désirait-il ? Il essaya de trouver une réponse à la faveur d'une nuit d'insomnie. Mais les insomnies ne se mariaient pas bien avec ses obligations professionnelles, raison pour laquelle il cessa de s'interroger. Antenor ne savait pas ce qu'il désirait, mais il savait qu'il ne voulait pas le savoir. Et ce qu'il savait encore mieux, c'était que pour la première fois, ils étaient confrontés à un problème encore plus grave que l'incident de la nuit de noces.

Malgré tout, ou plutôt malgré le rien auquel se résumait à présent la vie d'Eurídice, Antenor était, de fait, un bon époux. Fils d'un fonctionnaire et d'une poétesse qui n'avait jamais publié un seul recueil, Antenor avait grandi dans une maison où les repas étaient rares et la saleté omniprésente. La seule chose un tant soit peu structurée dans cette famille, c'étaient les distiques et les tercets que récitait sa mère. *Ce baiser qui est à la fois gloire et tourment, et l'âme qui enfin s'élève au firmament, les promesses et les caresses d'un blasphème. Le cœur serré, qui saigne et souffre, exaspéré, l'affection qu'on sait aussi simple que sacrée, ce besoin de l'homme de se sentir aimé, et d'enlacer ton corps gracile et adoré.* La vie de Maria Rita était une scène qu'elle occupait seule, et pour ennuyeuse qu'elle fût, elle était préférable et de loin à celle de son public, composé des six enfants qu'elle avait engendrés avant ses vingt-cinq ans révolus.

Pour Feliciano, il était toujours aussi surprenant de constater que le chaos qu'il trouvait en rentrant chez lui était pire que celui qu'il quittait chaque matin pour aller travailler. Le salon était jonché de langes sales, de peaux d'orange, de petites voitures en bois, de bébés à la dérive et de bavoirs maculés. Les lits étaient dans le même état que toujours, *à faire*. La cuisine était sous la domination des blattes, qui trottinaient sur la vaisselle incrustée de restes. Dans le seul fauteuil qui ne faisait pas office de penderie, il retrouvait Maria Rita, encore en chemise de nuit, absorbée par les vers qu'elle écrivait dans son petit carnet. En dehors de ses yeux bridés, la seule chose qu'elle avait héritée de ses ancêtres guarani était la difficulté de se soumettre aux règles du quotidien à l'occidentale.

Le couple se disputait chaque jour à cinq heures quarante et à dix-sept heures.

« Tu ne me comprends pas, je suis une poétesse,

une artiste ! Un esprit libre qu'on a enchaîné à cette vie.

— Maria Rita, je te soutiens dans ton art, mais ce bébé a les fesses aussi rouges que celles d'un babouin ! Et regarde un peu les cheveux de notre fille, il va falloir les lui couper ras la nuque, avec tous ces nœuds. »

Maria Rita courait pleurer dans la chambre, où son mari allait aussitôt la consoler, incapable de résister à ses cheveux bouclés, couleur de miel, et à sa bouche en cœur. Après quelques mamours, la paix était enfin scellée et le couple retournait dans le salon pour ramasser bébés et peaux d'orange. Soit par réflexe, soit par espoir, aux alentours de sept heures, Feliciano demandait ce qu'il y avait à dîner.

« Des bananes. »

Tous savaient que Maria Rita n'était pas taillée pour cette existence, et le jour le plus froid du mois d'août, elle décida qu'elle n'était tout simplement pas taillée pour exister. La poétesse incomprise se suicida en ingérant du fourmicide. Sa plus grande contribution à la vie familiale fut peut-être de pousser le verrou de la porte de la chambre, afin que ses enfants ne voient pas son corps contorsionné et son visage recouvert d'écume blanche.

Les véritables détails de la tragédie de la rue das Marrecas ne furent connus que de Feliciano. Quand il rentra chez lui, ce ne fut pas de voir ses enfants éparpillés aux quatre coins du salon qui l'étonna, mais bien son petit garçon qui depuis deux heures frappait désespérément à la porte de la chambre parentale. Aussitôt après l'avoir défoncée, Feliciano posa ses mains sur les yeux d'Antenor, à qui il ne fallut que deux secondes pour contempler cette scène qui ne devait plus jamais le quitter. Il avait alors six ans.

Deux jours plus tard, le *Journal du Commerce* annonça la mort de Maria Rita comme suit : *La remarquable poétesse Maria Rita Campelo a été victime d'un mal aussi insidieux qu'obscur et, au terme de souffrances atroces, a rendu l'âme à 13 h 25, le 19 de ce mois. Elle a été inhumée hier au cimetière São João Batista, en présence d'un nombre impressionnant de personnes de tous âges et issues de toutes les couches sociales. En apprenant la mort de sa chère épouse, Feliciano Campelo, employé émérite au service des travaux publics de la mairie, fonctionnaire apprécié de ses collègues comme de sa hiérarchie, a su faire preuve d'un courage inébranlable.*

Après la mort de sa femme, la seule chose d'inébranlable qui subsista en Feliciano fut son désespoir. Désespoir causé par l'absence de boucles brun miel et de bouche en cœur, désespoir à l'idée que ses six enfants feraient l'objet de soins pires encore que ceux de leur mère, si Feliciano se retrouvait seul en charge de les élever.

Il pria les cieux de l'aider et l'aide arriva, mais pas des cieux. Elle vint d'une rue pas si éloignée de la sienne, en la personne de Dalva, sa propre sœur. À trente ans, elle avait passé l'âge de se marier, et se rendait à présent utile en aidant ses parents dans leur magasin de la rue do Carmo. Dalva se proposa de s'occuper de la maison et des enfants. Si

Feliciano n'embrassa alors pas sa sœur et ne pleura pas dans ses bras, c'est uniquement que l'époque n'était pas aux effusions masculines.

Et c'est ainsi que les six enfants de Feliciano et Maria Rita se mirent à se coiffer et à se brosser les dents quotidiennement. Dalva trouva là sa véritable vocation, qui consistait à être occupée dix-huit heures par jour, et Feliciano renoua avec une existence d'habitudes presque oubliées, comme celle des dîners à six heures du soir, composés d'aliments cuits au four.

Feliciano raconta à Dalva les véritables détails de la mort de son épouse, y compris les deux secondes de contemplation d'Antenor. Le cœur de cette femme pencha alors un peu plus en faveur de ce petit garçon, et bien qu'elle aimât ces six enfants plus que tout, elle en vint à aimer Antenor plus que plus que tout. C'était Antenor qu'elle embrassait en premier quand ils rentraient de l'école, Antenor qui recevait les meilleurs morceaux de poulet en sauce, Antenor dont les vêtements étaient raccommodés avant ceux des autres. C'était lui qu'elle regardait quand elle allait dans la chambre des enfants pour s'assurer que tous dormaient bien. Et c'était lui qu'elle asseyait sur ses genoux quand elle lisait un de ces livres à couverture verte de la collection de Monteiro Lobato, récente acquisition de Feliciano.

Vivant à présent dans un appartement au parquet ciré et à la salle de bains immaculée, rempli d'odeurs agréables et de draps blancs, Antenor oublia presque les deux secondes de ce jour-là. Ce qu'il n'oublia en revanche jamais, ce fut la vie déréglée de sa mère, ses accès de passion stériles, ses délires inconséquents, et l'immense égoïsme dont elle avait fait preuve en s'en allant sans penser à ses enfants derrière la porte close. Pour Antenor, il n'y avait rien de plus inutile que la poésie.

Sa vie serait l'opposé de celle de Maria Rita. Un jour Antenor se marierait, et son épouse serait aussi dévouée que Dalva. Son foyer et ses enfants seraient sa priorité. Il était prêt à tout donner à la femme qu'il choisirait, et n'exigerait en retour qu'une vie totalement dénuée de cette poésie et de ces songes qui n'avaient servi qu'à plonger sa mère dans la folie.

Et c'est ainsi qu'Antenor choisit une femme en apparence complètement banale, ni belle ni laide, ni grosse ni maigre, ni grande ni petite. Une femme qui cachait son principal atout sous le chapeau de paille qu'elle enfilait avant de sortir. Cette Eurídice a la tête bien sur les épaules, se dit Antenor, sans se douter qu'elle avait la tête bien sur les épaules, et bien au-dessus de la plupart d'entre nous.

Antenor fit la connaissance d'Eurídice par un parfait jour de mai. Il prit le tramway pour rendre visite à un cousin à Santa Teresa, et en chemin oublia peu à peu le tumulte et la poussière du quartier de Lapa. Après une nuit de pluie constante, le ciel se dégageait enfin et l'air était un peu frais quand il entrait dans les poumons. Santa Teresa était à ses yeux l'un des rares lieux encore purs de la ville, sans trop d'automobiles, sans trop de tramways et sans le moindre gratte-ciel. Simple et efficace, se disait-il, et il en était là de ses réflexions lorsqu'il aperçut une jeune fille cernée par des fruits sur la rue Almirante Alexandrino. Ses pensées vagabondes laissèrent place à une idée qu'il avait en tête depuis un certain temps déjà, et qui se résumait à une simple question : et si cette fille était La Fille ?

Il se dit qu'il lui fallait des poires. Il descendit du tramway, choisit ses fruits et regarda Eurídice plus longtemps que nécessaire pour prendre la monnaie qu'elle lui tendait. Rien chez cette fille n'invitait aux arrière-pensées. Elle portait un chignon, un tablier par-dessus sa robe grise, pas la moindre trace de maquillage sur son visage et des yeux qui ne s'intéressaient qu'aux pièces échangées. Constatant qu'Eurídice ne lui rendait rien d'autre que la monnaie, il fut véritablement intéressé.

« C'est loin d'ici, la rue Monte Alegre ?

— Un peu.

— Vous pensez que je peux m'y rendre à pied ?

— Sans doute. »

Eurídice avait brillamment passé la première épreuve. Elle ne faisait pas semblant de ne pas s'intéresser à Antenor elle n'était sincèrement pas intéressée. Car Antenor savait ce qu'il était. C'était un jeune homme de vingt-trois ans, sorti du collège Pedro-II, nanti d'un diplôme de comptabilité, fraîchement engagé par la Banque du Brésil, avec un air de jeune premier (c'étaient là les mots de Dalva), et sans la moindre alliance au doigt. Il ne pouvait boire un café, entrer dans une boutique ou acheter un journal sans que ses mains ne soient examinées par toutes les jeunes filles et mères de jeunes filles se trouvant à proximité. Elles ne s'intéressaient pas à Antenor, mais à l'idée d'Antenor. Elles s'apprêtaient et se maquillaient non pour qu'Antenor s'intéresse à elles, mais pour l'idée qu'il se ferait d'elles.

Seulement, Antenor n'avait que faire des idées. Il se gardait bien des excès de la passion, et voulait directement passer au « voyons voir », en l'occurrence, *voyons voir si cette fille est une fée du logis, comme on dit. Voyons voir si elle est capable de se lever tous les jours à la même heure, si elle n'attendra pas que les draps refroidissent pour faire le lit, si elle arrivera à préparer le café de sorte qu'il soit prêt à l'instant où je m'assiérai à table.* Il voulait être libre de lécher le sol pour en prouver la propreté, il voulait pour sa sieste du mardi des fruits frais achetés au marché, et l'assurance de ronfler toutes les nuits avec quelqu'un dans le même lit.

Il interrogea son cousin à propos de la fille cernée par les fruits. Il apprit qu'elle s'appelait Eurídice, qu'elle passait tout son temps en compagnie de ses parents et qu'elle jouait de la flûte comme un ange. Il apprit qu'elle avait une sœur aînée très belle, et qu'à la suite de la fugue de celle-ci plus jamais elle n'avait joué la moindre note. Il sut qu'elle avait fini son lycée, qu'elle était très à l'aise avec les chiffres, mais qu'elle avait cessé ses études afin d'aider ses parents à l'épicerie.

Par la fenêtre de son cousin, Antenor vit le soleil se coucher et il en conclut qu'il n'y avait pas d'endroit plus beau et plus paisible dans tout Rio de Janeiro. Il prit congé autour de six heures et descendit à pied jusqu'à l'épicerie. Eurídice était toujours cernée par les fruits, les yeux baissés sur un carnet.

« Bonsoir. Je m'appelle Antenor et j'aurais aimé savoir si nous pouvions faire plus ample connaissance. »

La cour qu'il lui fit fut aussi paisible que le mariage dont il rêvait. Des conversations dans le salon de la rue Almirante Alexandrino, avec d'un côté l'abat-jour allumé et de l'autre la mère reprisant des chaussettes. Des promenades dans le quartier, avec le père à l'épicerie chronométrant la durée du trajet. Pas de cinéma, les parents d'Eurídice préférant ne pas courir à nouveau ce risque. La proposition de mariage fut soumise dans les règles à seu Manuel et dona Ana. La mère d'Eurídice laissa couler quelques larmes, et seu Manuel, qui l'aurait cru, en laissa couler d'autres encore. Il serra sa fille dans ses bras en répétant : « Tu es notre unique fille, notre unique fille. »

Si Eurídice voulait se marier ? Sans doute. Pour elle, le mariage était quelque chose d'endémique, quelque chose qui arrivait aux hommes et aux femmes entre dix-huit et vingt-cinq ans. Comme une grippe, en un peu mieux. Ce qu'Eurídice désirait vraiment, c'était voyager dans le monde entier en jouant de sa flûte. Entrer à la faculté d'ingénierie et jurer fidélité aux chiffres. Transformer l'épicerie de ses parents en grande épicerie générale, la grande épicerie générale en entreprise semencière, et l'entreprise en conglomérat. Mais elle ne savait pas qu'elle désirait toutes ces choses.

Durant les années qui suivirent la fugue de

Guida, elle le sut moins que jamais. Eurídice avait étouffé ses aspirations, ne laissant apparaître à la surface que la petite fille exemplaire. Celle qui n'élevait pas la voix et ne relevait pas sa jupe. Celle qui n'avait d'autres rêves que ceux de son père. Celle qui se contentait de dire oui madame ou non monsieur, sans même se demander à quoi elle disait oui, ou pourquoi elle disait non.

Elle était dans cet état proche de la catatonie quand elle fit la connaissance d'Antenor. Et elle aurait vécu le reste de sa vie dans cet état si le Quelque Chose en Eurídice Qui Ne Voulait pas Qu'Eurídice Soit Eurídice, allié à sa promesse faite à ses parents d'être une fille modèle, alliée à la terrible oppression des années 1940, avait réussi à convaincre Eurídice de ne plus être Eurídice. Mais à peine avaient-ils échangé leurs vœux qu'elle se rendit compte qu'il était très difficile de ne pas être elle-même, et ses fantaisies effrayèrent Antenor.

Mais comment aurait-il pu se douter qu'il avait épousé la femme la moins banale qui ait existé ? Antenor avait pris pour de la stabilité cette manie qu'avait Eurídice de n'affronter la vie qu'en y prêtant à moitié attention, et il avait songé : *Voilà la femme parfaite*. Il avait pris pour du conformisme cette façon dont elle acquiesçait à tout, et s'était dit : *Celle-là, il faut l'épouser.* Il ignorait que sa passivité n'était que passagère. Dès la nuit de noces, Eurídice lui fit de bien mauvaises surprises. Et au fil des années qui avaient suivi, elle avait multiplié les projets abracadabrants. Antenor dut hausser la voix pour lui rappeler les règles du mariage, et lui intimer l'ordre de mettre un terme à tout cela.

Et Eurídice y mit un terme. Après l'échec du projet de couture, elle se figea à son poste, sur le canapé, face à la bibliothèque. Et elle demeura ainsi, à moitié assommée, à moitié abrutie, à moitié morte. Le silence qui pesa alors fut terrible, et au bout d'un temps Antenor ne voulut plus savoir s'il avait épousé une seconde Dalva ou une seconde Maria Rita. Il ne désirait plus qu'une chose, qu'Eurídice, son Eurídice revienne. Il essaya d'évoquer le sujet auprès de la première concernée.

« Ça te plairait de faire une balade jusqu'à la place, après dîner ? Apparemment, les jasmins vont fleurir la semaine prochaine. Ça fait longtemps que tu ne me fais plus ces paupiettes de dinde, avec ce truc marron dessus. »

Eurídice répondait par un demi-sourire et un *hm hm*. Elle était d'accord avec tout, du moment qu'on ne l'obligeait pas à parler. Elle était dans les limbes, pour la simple raison qu'après les tortures de l'école, la fièvre de la flûte, le drame du flirt, les chimères de l'épicerie, les conquêtes des arts de la table et de la couture, elle avait fini par se rendre, en reconnaissant la victoire du Quelque Chose en Eurídice Qui Ne Voulait pas Qu'Eurídice Soit Eurídice. « Maman, fais-moi une robe, maman, fais-moi un dessert », réclamaient les enfants pour animer leur mère, et cela l'animait, un peu. Mais jamais assez.

Quand on sonnait à la porte, c'était Das Dores qui allait ouvrir ; quand on arrêtait de sonner, c'était Das Dores qui la refermait. Parfois, elle réglait ce qu'il y avait à régler sans même consulter son employeuse. « Ah, c'est pour les couteaux aiguisés, je vais vous chercher tout de suite l'argent qu'on vous doit. Ah oui, le pain : vous avez qu'à mettre ces deux petits pains sur notre note. » Elle ne tirait Eurídice de son état de contemplation, face à la bibliothèque, que lorsqu'elle ne trouvait pas de solution.

Un mercredi, on sonna à la porte, et Das Dores ne sut que faire. Elle alla au salon et se campa entre la bibliothèque et sa patronne.

« Dona Eurídice. Y a une femme à la porte. Elle dit qu'elle est votre sœur. »

6

Guida. Elle était toujours belle, mais si auparavant elle semblait à juste titre être plus vieille qu'Eurídice, elle paraissait à présent bien plus vieille. Elle était coiffée d'un chignon qui n'avait pas dû lui donner beaucoup de travail. D'une main, elle tenait une valise qui avait quitté avec elle l'appartement de la rue Almirante Alexandrino. De l'autre, elle tenait un petit garçon rondouillet, à peu près de l'âge de Cecília. Elle portait un manteau beige par-dessus une robe verte.

« Je peux entrer ? »

De toutes les embrassades de la vie d'Eurídice, celle-ci fut la plus étrange. Ce fut une embrassade qui voulait dire « laisse-moi te toucher pour voir si tu existes. Laisse-moi voir si tu es vraiment ici ». Et c'était vrai : c'était bel et bien Guida, même si ce n'était pas la même Guida, ce qui se confirma lorsqu'elle lui eut raconté son histoire.

Marcos et Guida s'étaient connus un samedi après-midi, à la sortie du Cine Odeon. Il s'était campé à la porte dès le début de la séance, sachant que si cette jeune fille aux longs cils était entrée pour voir un film, elle finirait bien par sortir de la salle. Et Guida sortit deux heures plus tard, en compagnie d'amies. Elle ne s'arrêta même pas lorsqu'il essaya de se présenter. Elle ne s'arrêta pas alors qu'il la suivait à la confiserie Cavé, où elle demanda un éclair au chocolat et enleva ses gants blancs pour manger la pâtisserie à la mode en exhibant ses longs doigts.

Ce que Guida voulait, c'était faire languir ce jeune homme qui la suivait. Elle voulait se promener et savoir que Marcos suivait ses pas. N'était-ce pas ainsi que l'amour était décrit dans les revues, dans les films et les romans à l'eau de rose ? Il incombait à la femme de stupéfier l'homme par sa beauté, et à l'homme de se battre pour la femme, juste après les quelques secondes d'immobilité causée par la beauté stupéfiante de l'Élue.

Marcos assuma pleinement le rôle qui lui était dévolu. Trois samedis de suite, il attendit Guida à la sortie du cinéma. Guida aussi joua son rôle, ignorant le jeune homme afin que le samedi suivant il revînt l'attendre à la porte du cinéma avec plus d'envie et de détermination encore. Au bout d'un mois, elle accepta qu'il la suive pour son éclair au chocolat. Guida grignotait la pâtisserie sans avoir vraiment faim, suçotant ses doigts quand ils étaient recouverts de chocolat, ce qui semblait arriver plus fréquemment en présence de son admirateur. Le regard de Marcos passait sans cesse de l'éclair à la bouche de la jeune fille.

Le samedi suivant, les parents de Guida furent informés du début de la relation. Marcos se présenta à l'appartement de Santa Teresa, passa son après-midi à tenir son chapeau et à répondre aux questions par des monosyllabes. Seu Manuel et dona Ana n'étaient pas totalement rassurés. Ce jeune homme était trop raffiné. Trop bien élevé. Trop bien coiffé. Et ces ongles, ils étaient manucurés ou quoi? *On ne me la fait pas, à moi.*

Les parents de Marcos non plus ne virent pas d'un très bon œil cette relation. Du reste, au début, ils ne la virent ni d'un bon ni d'un mauvais œil, car le jeune homme, qui était tout sauf un imbécile, jugea préférable de différer un peu les présentations de son adorée avec le foyer de la rue Voluntários da Pátria. Tout ce que ses parents remarquèrent fut le fait que, d'un jour à l'autre, Marcos parut particulièrement heureux, et cela suffit à éveiller leur méfiance. Il était le cadet de cette famille de six enfants, et le seul à ne pas s'être encore marié. Un bon parti, que ses parents espéraient voir épouser un autre bon parti. C'était ce qu'avaient fait les autres enfants, c'était ce qu'avaient fait les parents de Marcos, et c'était ce que, selon eux, Marcos ferait aussi.

Cela faisait alors trois siècles que les membres de cette famille se mariaient entre eux. Uniquement afin de ne pas diviser le service de table anglais, les couverts en argent, et de s'en servir pour des banquets d'autant plus opulents qu'ils ne réunissaient qu'une seule et même famille. Dans l'hôtel particulier de la rue Voluntários da Pátria, Marcos n'était pas Marcos, mais José Marcos Gonçalves de Moraes Monteiro Godoy. Son père, Augusto

Monteiro Godoy, avait épousé Mariana Gonçalves de Moraes : tous deux étaient descendants de Godoy Gonçalves et Monteiro Moraes, descendants de Gonçalves Moraes et Monteiro Godoy, descendants de Gonçalves Monteiro et Godoy Moraes. Survenaient parfois dans la famille un Pádua, ou un Castro Lima, mais les Godoy et Gonçalves et Moraes et Monteiro s'étaient reproduits en nombre suffisant pour que le mariage entre cousins n'émeuve plus vraiment qui que ce soit, et que ces variations sur le même thème se déclinent sans couac des temps coloniaux jusqu'à la République, en passant par l'Empire.

Ces fornications en famille engendrèrent des hommes et des femmes qui se ressemblaient singulièrement. Les hommes présentaient des joues exagérément rondes et des crânes complètement chauves avant leurs trente ans. Les femmes naissaient et grandissaient dépourvues de taille, et acquéraient très jeunes une silhouette rectangulaire. Elles étaient extrêmement poilues, et si certaines prenaient la peine de veiller sur leur duvet, d'autres ne se formalisaient pas tant, et se laissaient pousser la moustache. Mais leur principal point commun à tous était d'avoir les mêmes comptes bancaires, les mêmes propriétés et les mêmes coffres remplis de pièces d'or et de colliers de perles rosées.

Il arrivait parfois qu'un Godoy ou un Moraes parvienne à se libérer de cette malédiction de la ressemblance, par la grâce de Dieu et de sa mère, qui avait senti sous sa jupe brûler un feu incontrôlable, dûment éteint au fil des siècles par deux curés, trois médecins, un explorateur perdu dans les anciennes forêts de Rio et cinq jeunes mulâtres. C'était justement le cas de Marcos, qui était né plus grand et plus blond que prévu, confortant la foi de sa famille en une évolution de l'espèce, et celle de sa mère dans le théâtre brésilien. C'était en effet dans un couloir du théâtre João Caetano qu'elle avait connu un acteur svelte, responsable du peu d'émotions qu'elle éprouva passé trente ans.

Le père de Marcos avait grandi dans l'une des cinq exploitations de café que possédait sa famille dans la vallée du Paraíba. Suite à la crise de 1930, il avait vendu quatre d'entre elles, et avait emménagé à Rio avec le reste de sa famille. Il avait meublé l'hôtel particulier du quartier de Botafogo avec les divans et les confidents d'une des exploitations, œuvres de l'ébéniste de l'empereur Pierre II. Il comprit qu'il était bien plus simple et lucratif de ne tirer sa subsistance que de la politique, plutôt que de mêler politique et exploitation du café comme l'avaient fait ses parents et grands-parents. Avant de postuler au sénat, il avait fait jouer ses multiples relations afin de faire ses premiers pas au service de l'État en tant que chef de cabinet du maire de Rio, Henrique Dodsworth.

Marcos vivait dans cet hôtel particulier de Botafogo avec ses parents, ses trois frères et leurs épouses. Deux d'entre eux débutèrent leur carrière politique en devenant comme cul et chemise avec le plus haut échelon du gouvernement Vargas, et devinrent vite *le* cul et *la* chemise du plus haut échelon du gouvernement Vargas : Francisco Godoy fut nommé directeur du Département national du café et Armando Godoy président du Conseil fédéral des services publics, institution si abstraite que lui-même ignorait à quoi elle pouvait servir. Paulo Godoy fit son droit, et ce faisant se fit quelques amis, qui avaient d'autres amis, qui conseillèrent de garder ça pour soi, mais que très bientôt serait créé un tribunal des prud'hommes. Et il devint le juge le plus jeune du Brésil.

Les sœurs de Marcos n'habitaient pas l'hôtel particulier de Botafogo. L'une s'était mariée avec un cousin qui mettait encore tous ses espoirs dans le café et dans son titre de baron d'Itaimzim, transmis dans la famille depuis l'arrière-arrière-grand-père. Le baron et la baronne d'Itaimzim devaient passer les cinquante années à venir assis dans le salon de leur grande baraque à regarder tomber le plâtre des murs. L'autre sœur avait épousé un diplomate et se trouvait alors dans un café à Paris, en train de demander au garçon une nouvelle flûte de champagne, et de discuter avec des inconnus de la fulgurante émancipation de la femme d'Amérique latine.

Peut-être parce qu'il avait échappé au système de troc permanent des mêmes gènes, Marcos ne voulait pas se marier avec une femme-rectangle. Il considérait sa famille d'un regard où se mêlaient dédain et ennui. C'était de la farine du même sac, et qu'il était lourd, ce sac. Les plaisanteries, les gestes, cette manie de cacher la poussière sous le tapis, cette façon de se gratter le menton en levant la tête dans une grimace, la supériorité et la morgue avec lesquelles ils parlaient de tous ceux qui n'appartenaient pas à leur famille, tout cela donnait envie à Marcos de n'être que Marcos, sans aucun de ses noms de famille. Les dîners à l'hôtel particulier étaient angoissants, avec toutes ces belles-sœurs qui bataillaient pour savoir qui avait le meilleur mari, sur la base d'une équivalence stricte entre les qualités de leurs époux et le nombre de bijoux qu'elles portaient ostensiblement à table.

Marcos avait constamment l'impression d'étouffer. Il était sans cesse dégoûté, non seulement par ce qu'il voyait, mais également par ce qu'il ne voyait pas. S'il avait pris le soin de développer ses dons de médium, il aurait entendu les avis d'esprits indignés sur les querelles de pouvoir dans la famille, sur le meurtre d'un Godoy ou d'un autre dans la lutte pour la succession, sur les histoires d'amour avec des femmes sans moustaches et des hommes chevelus qui jamais ne s'étaient réalisées, sur les fils difformes nés au fil des siècles et qui se virent étouffés, tant au sens propre qu'au figuré. Tous ces cousins qui avaient quitté ce monde ne valaient guère mieux que ceux qui y étaient restés, car ils croyaient encore avoir des droits sur les biens que renfermait l'hôtel particulier de Botafogo. Ils restaient là, dans les limbes, à admirer les boucles d'oreilles des femmes de la maison et à convoiter si fort l'or qui parait ces poitrines que deux des belles-sœurs de Marcos durent entrer secrètement dans un hospice pour tuberculeux à Petrópolis.

La pression émotionnelle qui régnait était si forte que les plus sensibles avaient l'impression de grandir d'un coup aussitôt qu'ils sortaient de l'hôtel particulier. Il en allait ainsi de Marcos, qui préférait passer le plus clair de son temps à la faculté de médecine, dans les bars du quartier de Lapa ou dans les rues du Centre. Contrairement à ses amis, il n'aspirait pas à devenir un éternel fêtard. Marcos n'avait nul désir de faire la fermeture des bars, de connaître chaque nouvelle venue des bordels, ni d'assister à ces concerts de samba improvisés, si exotiques pour le reste de la population et si à la mode chez les bohèmes de cette époque.

Tout ce que désirait Marcos, c'était quelqu'un avec qui parler. Quelqu'un qui écouterait tout ce qu'il n'avait pas réussi à dire en vingt ans d'existence. Quelqu'un qui prolongerait son éducation sentimentale, brutalement interrompue quand on l'avait arraché des bras de sa nounou plus que chérie pour l'asseoir sur les bancs du collège de São Bento, où il avait appris que, pour être un homme avec un h majuscule, il ne pouvait pas pleurer sa nounou perdue (*Fini les câlins! Fini les bisous!*) ou compatir avec les chats qui se faisaient couper la queue par des enfants qui un jour devaient devenir les représentants de ce pays.

Marcos était justement à la recherche de cette personne avec qui parler le jour où il rencontra Guida. Quand il aperçut cette jeune fille aux cheveux ondulés, à la jupe qui s'arrêtait aux genoux et au chapeau de feutre, il comprit qu'il n'avait pas besoin de chercher plus loin. Il n'avait plus qu'à attendre qu'elle sorte du cinéma.

Et Guida était sortie du cinéma, et quatre samedis consécutifs il la suivit dans les rues du Centre, et quand finalement ils se parlèrent, Guida apprit en dix minutes tout ce qu'elle avait à savoir : il s'appelait Marcos, il avait vingt et un ans, il était étudiant en médecine et il avait un joli sourire.

Marcos n'entra pas dans le détail de ses noms de famille et fut heureux de constater que Guida n'en avait cure. Tout ce qu'elle désirait, c'était un mari capable d'assurer le confort du ménage et de la famille, et qui aurait le visage de Gary Cooper. Un diplôme de la faculté de médecine était la garantie de faire partie de la classe moyenne, summum des aspirations de Guida. Et quand Marcos tournait légèrement la tête, son nez ressemblait comme deux gouttes à d'eau à celui de Gary Cooper.

Avec le temps, Marcos fut contraint de révéler les anomalies de son passé, disant par exemple *Oui, mon cœur, je connais bien le Portugal. Je suis passé plusieurs fois par Lisbonne, en route pour Paris.* Ou bien *Je passais mes vacances de juillet dans la fazenda de Valença, parce qu'elle était plus proche que celle de Resenda.* Ou encore *Mon père fait de la politique. Mais tout cela est trop compliqué pour une jeune fille aussi belle que toi.*

Guida en vint à comprendre que ce jeune homme était non seulement quelqu'un de bien, mais un homme de bien. Et elle s'en réjouit, en s'imaginant ses enfants naître avec une cuiller en or dans la bouche, et elle s'en inquiéta, en pensant que la famille de Marcos ne voudrait pas d'elle. Puis elle s'inquiéta encore plus, songeant que ce Marcos ne voulait que profiter d'elle avant d'en épouser une autre qui, elle, mériterait davantage de mettre au monde des enfants avec des cuillers en or dans la bouche. Elle décida de limiter ses contacts avec lui. Les mains de Marcos n'étaient autorisées qu'à toucher les mains de Guida. Ses lèvres pouvaient effleurer les siennes, mais seulement une fois par semaine, et rien de ce qui se trouvait derrière ces lèvres n'avait la permission de sortir pour autre chose que l'articulation de ses phrases. Le reste du corps n'était qu'un objet d'admiration, et Guida savait se faire admirer. Elle encadrait ses dents du bonheur de lèvres entrouvertes, étirait ses cuisses en croisant les jambes et dissimulait son ventre en marchant bien droite.

Quand ils sortaient, c'était elle qui prenait les devants. « Aujourd'hui nous irons voir tel film, puis nous irons au café Colombo. » Quand ils restaient chez elle, c'était elle qui décidait des sujets de conversation. « Regarde un peu la coiffure de cette fille dans cette revue, tu crois qu'elle m'irait bien ? »

Oui. Marcos ne savait répondre que oui. Tant et si bien qu'après trois mois de sorties au cinéma et de conversations au salon (dona Ana s'était alors trouvé des travaux de broderie, n'ayant plus la moindre chaussette à repriser), Guida jugea qu'il était temps d'étendre les frontières de la relation, et que les conquêtes territoriales devaient inclure en premier lieu le quartier de Botafogo. Elle posa alors la question que Marcos redoutait tant.

« Quand est-ce que tu me présenteras à tes parents ?

— Ah, mais justement, mon cœur, répondit Marcos. Justement. Il se trouve que mon père est actuellement en déplacement.

— Mais pourquoi est-il en déplacement, alors qu'il travaille dans le cabinet de monsieur le maire de Rio de Janeiro ?

— C'est qu'il y a toutes sortes d'affaires à régler à l'extérieur. Des choses que tu ne comprendrais pas, mon amour. C'est un sujet bien trop compliqué pour une jeune fille aussi belle que toi. »

Le samedi suivant, Guida demanda si « les affaires de l'extérieur » avaient été réglées.

« Pas encore, mon cœur. Peut-être la semaine prochaine. »

Le samedi de la semaine suivante, Guida demanda si « les affaires de l'extérieur » avaient été réglées.

En considérant sa bien-aimée, bras croisés, affichant une moue inédite, Marcos se dit qu'il était temps de résoudre les « affaires de l'extérieur ». Mais il ne se sentait pas encore prêt à présenter Guida à sa famille.

« Pauvre maman. Elle a attrapé une angine. »

L'angine de dona Mariana dura quatre semaines de plus. Craignant de ne plus jamais voir sa bien-aimée que les bras croisés, redoutant même de ne plus jamais voir ses bras, croisés ou non, Marcos finit par se rendre.

« Samedi prochain, nous irons déjeuner chez moi, mon cœur. »

Guida interrompit son récit lorsque Maria das Dores entra dans le salon, avec une cafetière et des petits gâteaux secs. Elle accepta une tasse et se renfonça dans le canapé.

« Tu te souviens de la semaine où je suis allée pour la première fois chez Marcos ? »

Eurídice but une gorgée de café, réfléchissant un peu avant de répondre.

« C'est arrivé juste après notre bagarre, c'est ça ? Je ne sais plus. Tu ne me parlais plus, Guida.

— Je sais. On a cessé de se parler. Mais c'était une période difficile pour moi, Eurídice. J'étais très investie dans ma relation avec Marcos, ça m'inquiétait de voir qu'il évitait de me présenter à ses parents, et… Francisco ? »

Guida s'était retournée vers le petit garçon qui, assis à côté d'elle, lisait un magazine de bandes dessinées.

« Et si tu allais jouer dans le jardin ?

— J'ai pas envie.

— Ça te fera du bien de sortir un peu, Francisco. Va jouer dans le jardin.

— J'ai pas envie.

— Va jouer dans le jardin, ordonna Guida.

— Nan j'irai pas.

— Tout de suite.

— J'irai pas. »

Guida se tordait les mains. Eurídice intervint.

« Et ça te dirait de regarder la télévision ? »

Le petit garçon fit « oui » de la tête. Eurídice alluma l'appareil, Chico[1] s'assit en tailleur par terre. Guida semblait un peu soulagée, mais elle se tordait toujours les mains.

« Donc. Je ne t'ai jamais raconté ce déjeuner,

1. Diminutif de Francisco.

Eurídice. Ah ! Mais c'est durant ce déjeuner que ma vie a commencé à aller à vau-l'eau. »

Le samedi convenu, Guida se présenta à l'adresse de Marcos vêtue d'une nouvelle robe, une broche florale épinglée à la veste. Chapeau de feutre bleu et sac à main en bandoulière. Anneaux d'oreilles imitation or et collier d'or véritable avec le médaillon de Notre-Dame de Fátima. Elle se présenta d'abord au portail et, après avoir décliné son identité au portier, elle fut autorisée à se diriger vers l'entrée principale. Elle dut ensuite se présenter auprès du majordome, et fut autorisée à entrer dans une petite pièce sur la droite. Elle y trouva une domestique, et après lui avoir dit qu'elle ne voulait pas de café, non vraiment pas, attendit bien sagement Marcos.

Des bruits de pas lui parvinrent de très loin.

« Bonjour, mon cœur. »

Marcos embrassa Guida sur la joue et la conduisit jusqu'au salon Bleu, où la famille réunie au grand complet attendait que le déjeuner fût servi dans le salon Jaune.

Guida apprit énormément cet après-midi. Elle apprit qu'un collier en or à l'effigie de Notre-Dame pouvait se transformer en laiton sous le regard sinistre de trois jeunes femmes élégantes. Elle apprit qu'il était possible de s'entretenir une demi-heure avec quelqu'un sans que cette personne ne retienne quoi que ce soit de la conversation, comme ce fut le cas avec la mère de Marcos. La mère de Marcos ne savait parler que d'elle, répétant sans cesse qu'elle avait été la Femme La Plus Désirée de Tous les Salons de Rio, du temps où on tenait salon à Rio, et que la rue Dona Mariana avait été baptisée ainsi en l'honneur de sa grand-mère, Mariana Gonçalves Moraes, et qu'elle avait été la grande mécène du théâtre brésilien durant de nombreuses années, mais qu'elle avait à présent plus à cœur de financer tous ces jeunes hommes qui pratiquaient la natation. Guida apprit également qu'il était possible de s'entretenir une demi-heure avec quelqu'un d'autre sans que cette autre personne ne retienne quoi que ce soit de la conversation, comme ce fut le cas avec le père de Marcos. Mais cette fois, rien ne fut retenu parce que rien de ce qu'elle dit n'avait la moindre importance, comme l'indiquait sans équivoque le regard terne de cet homme étrange. Elle apprit qu'on pouvait prendre une éternité pour finir son steak, et que même un dessert tel que des profiteroles pouvait perdre toute saveur. Elle en apprit beaucoup sur Marcos, qui perdu au milieu de tous ces gens, faisait figure d'invité, ainsi que sur les frères de Marcos, dont les regards convergeaient sur le médaillon de Notre-Dame, non par dévotion religieuse, mais parce que celui-ci se trouvait là où, plus que n'importe où ailleurs, ils auraient aimé se trouver.

Quand Guida fut conduite du salon Jaune au salon Bleu, du salon Bleu à la petite pièce de l'entrée, de la petite pièce de l'entrée au vestibule, du vestibule à la porte de la maison, et de la porte de la maison au portail, elle sut que plus jamais elle ne reverrait s'ouvrir cette immense grille de fer forgé qui se refermait derrière elle. Et ce fut un énorme soulagement.

Marcos l'accompagnait. Ils marchèrent en silence, main dans la main, jusqu'à la station de tramway. Plus elle s'éloignait de l'hôtel particulier, plus Guida sentait la colère enfler dans sa poitrine. La colère d'avoir été traitée comme une moins-que-rien par ces aberrations humanoïdes. La famille de Marcos semblait l'incarnation de la question propre aux grands de ce monde, « savez-vous à qui vous avez affaire ? », mais en vérité c'étaient eux qui ignoraient à qui ils avaient affaire. Ils avaient affaire à Guida Gusmão, une femme qui n'avait jamais baissé les yeux devant personne. Guida Gusmão, qui ignorait l'échec, et dont les forces ne faisaient qu'augmenter à chaque nouvel obstacle obstruant son chemin. Juste avant que le tramway arrive, elle serra fortement la main de son amoureux.

« Je vais te sortir de là, Marcos. »

Ils se marièrent deux mois plus tard, signant les documents en présence d'un juge de paix. Guida était vêtue d'une robe de lin toute simple et tenait un bouquet de fleurs d'oranger. Après le mariage, ils s'en retournèrent dans la petite maison qu'ils louaient dans le quartier de Vila Isabel, et ce fut seulement alors que Marcos eut la permission de dormir dans la chambre avec Guida.

Comme les parents de Marcos ne consentiraient jamais à ce mariage et que les parents de Guida n'accepteraient jamais qu'un jeune homme épouse leur fille sans le consentement de sa famille, Guida avait jugé qu'ils pouvaient se marier sans l'assentiment de personne, et vivre loin de Santa Teresa et de Botafogo. Grâce à ses économies, Marcos pourrait payer le loyer jusqu'à ce qu'il achève sa formation de médecin, dans quelques mois à peine. Son diplôme en main, il ouvrirait son cabinet. Dès qu'ils seraient installés (avec une jolie petite maison, un cabinet avec pignon sur rue et patients soignés qui leur garantiraient les moyens de mener cette nouvelle vie), Guida renouerait avec ses parents, et leur expliquerait pourquoi ils s'étaient mariés en secret. Marcos et Guida n'auraient alors pour toute famille que dona Ana, seu Manuel et Eurídice.

« Je ne voulais pas passer plus de temps sans vous voir. »

Eurídice contemplait sa sœur, fascinée. Cela faisait si longtemps qu'elle ne s'était plus intéressée à quelque chose ou à quelqu'un.

« Mais, Guida, tu n'es jamais revenue. »

Guida baissa les yeux, ramassant les miettes de gâteaux secs sur la table basse.

« Tu te souviens du jeu de la queue de l'âne ?

— Quoi ?

— Le jeu de la queue de l'âne. L'enfant a les yeux bandés et doit coller la queue qu'il tient au dessin d'âne accroché au mur. On y jouait à la kermesse de l'église.

— Oui, je m'en souviens.

— La vie, c'est comme ce jeu, Eurídice. Des fois, on croit bien faire, mais on finit par se rendre compte qu'on a les yeux bandés, et on n'arrive plus à rien. »

7

Ces mois furent les plus heureux de toute la vie de Guida. Elle était mariée à l'homme qu'elle aimait. Elle vivait dans une maison qui n'était ni grande ni petite, mais tout simplement parfaite. Elle pouvait passer ses journées à lire des revues féminines et les après-midi à se faire belle pour son mari. Personne ne frappait à la porte de la salle de bains quand elle s'y éternisait, personne ne se plaignait de son silence quand elle se taisait, personne ne l'obligeait à passer deux heures derrière la caisse de l'épicerie. Parfois elle invitait l'une de ses voisines à prendre le café chez elle, et elles échangeaient des recettes de gâteaux, des astuces pour le ménage ou pour les soins intimes. Ses parents et sa sœur lui manquaient, mais elle se consolait en se convainquant qu'elle les reverrait bientôt. Il ne se passerait pas longtemps avant que Marcos ouvre son cabinet et qu'elle revienne victorieuse à Santa Teresa, alliance en or au doigt et époux médecin au bras.

Marcos lui aussi était un autre homme. Ou plutôt il avait été un autre homme jusque-là. À présent, il pouvait être lui-même. Il n'avait plus à entendre sa mère vanter les qualités de ses cousines Emengarda, Maria Ester ou Isaltina, qu'il connaissait assez mal, pour la simple raison qu'à l'époque où il passait les vacances en leur compagnie à la fazenda ces cousines en étaient encore au stade de chrysalides, « à mille lieues des superbes représentantes du beau sexe qu'elles étaient destinées à devenir ». Il n'avait plus à supporter les pressions de son père, qui avait entendu de source sûre que la réussite de son fils dans sa formation de médecin soulevait quelques doutes, même s'il n'y avait rien à craindre, « étant donné que le directeur de la faculté est un très bon ami, et de longue date ». Il n'avait plus à éviter ses belles-sœurs, expertes dans l'art de dissimuler leurs regards obscènes. Il n'avait plus à éviter ses frères, qui adultes tentaient de reproduire les brimades qu'ils avaient infligées à Marcos durant leur enfance, quand ils l'enfermaient dans le coffre de la chambre de leurs parents, parfois en compagnie d'un cafard. Libre de toute pression familiale, Marcos se sentait enfin à son aise. C'était comme s'il apprenait enfin à respirer.

Fin novembre, Marcos fut inscrit à l'Académie nationale de médecine et loua un cabinet dans l'un des immeubles récents de l'avenue Presidente Vargas. Il fit graver sur une plaque *Marcos Godoy — Médecine générale*. Il commanda cinq blouses blanches, avec le monogramme MG brodé sur la poche droite. Il consultait du lundi au jeudi, de neuf heures à dix-sept heures. Il ne travaillait pas le vendredi, parce qu'ils n'en avaient pas encore fini avec leur lune de miel, et que deux jours et sept nuits n'auraient pas suffi à éteindre et rallumer le feu de ce couple.

Après quelques mois d'exercice de la médecine, le bonheur cessa d'être éternel pour n'être plus que relatif. La salle d'attente, où jadis on ne trouvait que des places debout, n'accueillait plus qu'un ou deux patients par jour. Et encore, les bons jours. Les mauvais, Marcos se retrouvait en tête-à-tête avec lui-même. Le jeune docteur passait ses journées à jouer aux morpions sur un carnet, tentant de l'emporter sur lui-même.

La vérité était que Marcos tenait plus du guérisseur que du docteur assermenté. Il avait beau renier sa famille, le jeune homme avait hérité la superbe de sa caste. Il crut pouvoir faire avec la faculté ce que ses ancêtres avaient fait avec le Brésil : l'argent lui permettrait d'obtenir son diplôme et l'arrogance remplacerait avantageusement la connaissance. Ses grands-parents et arrière-grands-parents avaient été faits barons et grands propriétaires pour moins que ça. La formation médicale était la concrétisation d'un désir, et pour les Monteiro Godoy tout désir était réalisable avec un peu de poudre de perlimpinpin et de considérables sommes d'argent qui permettaient d'acheter biens et personnes, plus quelques machettes, fusils et fouets, utiles pour accélérer le processus d'acquisition.

La suite donna raison à Marcos : l'argent lui permit bel et bien d'obtenir son diplôme. Il paya un collègue quarteron et désargenté afin qu'il signe à sa place la feuille de présence des cours d'anatomie. C'est ce même quarteron qui rédigea les interrogations écrites de Marcos, dans le cadre d'un stratagème sophistiqué incluant un échange de copies dans le fond de la salle d'examen. Succès assuré. Ce quarteron était brillant. Si brillant en vérité qu'après l'obtention de son diplôme il ouvrit un cabinet et travailla dans les meilleurs hôpitaux de Rio, passant peu à peu du stade de quarteron à celui de quasi-blanc. Marcos faisait acte de présence à certains cours magistraux, même s'il révisait par-dessus la jambe. Ou plutôt sur les genoux, lorsqu'il y posait son cahier, consacrant le temps du trajet en tramway à ses révisions, et tout le reste de son temps à son épouse.

Marcos obtint son diplôme, mais aucune poudre de perlimpinpin ne put lui inculquer les connaissances requises. Lorsque des clients aux pathologies compliquées commencèrent à se presser dans son cabinet, il ne sut plus que faire. Une petite demoiselle arrivait avec des crampes d'estomac et rentrait chez elle avec une prescription de pénicilline. Elle arrivait avec des varices et récoltait une prescription de pénicilline. Se présentait grippée et Marcos prescrivait de la pénicilline. La fièvre scarlatine ? Pénicilline. Les oreillons ? Pénicilline. Une thrombose ? Pénicilline. Et du repos, ainsi que de l'élixir parégorique, dont Marcos ignorait la véritable utilité, mais qui de toute façon ne pouvait pas faire de mal.

Prescrire de la pénicilline n'était pas aussi absurde qu'il peut y paraître, en ceci que cet antibiotique éradiquait la moitié des maladies de l'époque. Le problème, c'était l'autre moitié : toutes ces maladies pour lesquelles la pénicilline était aussi efficace que du mercurochrome sur une jambe de bois. Dans ces cas, les patients de Marcos devaient tenter de guérir par la prière ou grâce à leurs seuls anticorps. La dame souffrant d'une thrombose pria beaucoup, mais perdit une jambe. La petite demoiselle victime de crampes à l'estomac avait beaucoup d'anticorps, mais elle écopa d'un ulcère. Juste avant de voir leur destin scellé, elles allaient consulter une dernière fois le docteur Marcos, qui posait la main sur son menton, levait l'index et déclarait : « À présent, il ne nous reste plus qu'à affiner la dose de pénicilline. »

Marcos ne dut de garder si longtemps son cabinet qu'aux qualités physiques qu'il avait héritées de ce comédien à présent oublié, jadis passé entre les draps de sa mère. Comment un homme de si belle taille, aux yeux si clairs, à la peau si blanche et aux manières si raffinées aurait-il pu embobiner et mettre en danger ses patients ?

Mais peu à peu, le mot de charlatan gagna les bouches et les oreilles des maîtresses de maison cariocas. Les on-dit finirent de vider la salle d'attente de Marcos, qui se mit à jouer aux morpions en appuyant si fort sur son crayon qu'il en marquait plusieurs feuilles de carnet à la fois. Il éteignait les lumières de son cabinet peu après seize heures, arrivait chez lui abattu, et son humeur ne s'améliorait guère lorsqu'il apercevait sa femme souriant sur le perron.

« J'ai fait du rosbif pour le dîner, mon amour. »

Quelques semaines plus tard, Marcos lui annonça qu'ils devaient déménager.

« On part pour le quartier de Piedade, mon cœur. C'est plus paisible, tu vas adorer. »

Le déménagement au beau milieu de la nuit éveilla les soupçons de Guida. « La camionnette ne pouvait pas passer plus tôt, mon cœur. » La promesse de tranquillité dans ce nouveau quartier la fit également tiquer. Paisible, ce nouveau quartier? Uniquement si Marcos, par « tranquillité », désignait le soulagement qu'ils éprouvaient après le passage du tramway devant leur nouvelle maison.

À cette époque, l'entente au sein du couple n'était déjà plus ce qu'elle avait été. Habitué à vivre entouré de pergolas et de marbre de Carrare, Marcos avait poussé le sacrifice à son paroxysme en louant la petite maison du quartier de Vila Isabel. Elle était toute petite, toute simple, mais enfin elle contenait tout ce qu'il fallait, en l'espèce, Guida en décolleté et en lingerie. Mais à Piedade, Marcos ne put considérer son nouveau lieu de résidence que d'un œil d'écrivain naturaliste, et la peau douce et parfumée de Guida ne parvenait même pas à éclaircir le tableau. La goutte qui tombait éternellement du robinet de la salle de bains marquait de rouille l'émail de l'évier. Les coins de plafond humides et tachés de moisissures. Les lames de plancher si anciennes qu'elles se détachaient d'elles-mêmes. La cuisine si minuscule, avec ces tomettes manquantes, par terre.

Mais les alentours étaient pires encore que la maison. Ils habitaient juste devant les rails du tramway, et à côté d'une volière. Qu'on ouvre la fenêtre, et aussitôt entraient la poussière soulevée par les rames et la puanteur de la volaille; qu'on la referme, et aussitôt on suffoquait de chaleur. Les moustiques étaient si nombreux et si affamés que Marcos devait à présent dormir l'oreiller sur la tête, et il ne lui était plus possible de profiter des dernières lueurs du crépuscule pour admirer la silhouette de Guida. Il y avait également les coqs de combat qu'élevait le voisin, et qui se mettaient à chanter à cinq heures du matin, réveillant les poules de la volière qui caquetaient de plus belle, et le tout formait un cocorico démoniaque qui aurait donné à n'importe qui l'envie de se saisir d'une machette et de résoudre le problème dans le sang.

Quelque mois plus tard, Marcos annonça qu'il changeait de cabinet.

« C'est un tout nouvel immeuble de la place Saez Peña. Rien que du standing, ce ne sont pas les clients qui manqueront. »

Guida acquiesça de la tête, silencieuse, en servant la soupe de pois chiches qui composait presque tous leurs dîners, assortie de trois rondelles de saucisson — deux pour Marcos, une pour elle. Son époux lui donnait de moins en moins d'argent. Leur chance était que Guida, élevée par des immigrés portugais, avait appris à faire un dîner honnête avec des tripes, et à faire de simples restes un copieux déjeuner. Mais quelque chose clochait. Comment se faisait-il que Guida, l'épouse d'un médecin, dût compter ses pièces à l'heure des commissions, alors que la voisine du bout de la rue, femme d'un prêtre candomblé, mangeait de la viande cinq jours par semaine?

Le regain de consultations du cabinet de la place Saez Peña ne fut que de courte durée. Courte durée aussitôt suivie d'une suite de jours sans fin et sans patients. Marcos rentrait chez lui, engoncé au fond du siège du tramway, songeant à la réalité, cette chose curieuse qu'on ne pouvait acheter. Et même si cela avait été possible, Marcos n'aurait pas eu de quoi payer.

L'épiphanie eut lieu à la mi-avril, et fut provoquée par les moustiques. Les pluies de mars dont les pots de plantes s'étaient remplis avaient donné naissance à une armée sans nombre de suceurs de sang. Ils étaient si nombreux et si agressifs qu'ils respectaient à peine les spirales anti-insectes éparpillées aux quatre coins de la maison. Les moustiques se massaient tantôt autour des oreilles de Guida, tantôt autour de celles de Marcos, et tous deux se frappaient et se secouaient dans l'espoir de se débarrasser de cette gêne constante. Une nuit, Marcos crut qu'un moustique était entré dans sa tête: le zzz semblait provenir de l'intérieur de son corps. Il passa des heures dans l'obscurité à se taper l'oreille.

Il se leva à trois heures du matin, sans savoir s'il avait dormi ou non. Il eut l'impression de s'être réveillé d'un mauvais rêve, puis d'être toujours plongé dans le sommeil, car le décor qui l'entourait était le même que celui de son cauchemar. Marcos avait l'esprit lent, mais à cet instant il parvint à analyser un grand nombre d'informations d'un coup. Cette maison si ancienne qu'elle semblait en ruine, ces insupportables dîners à la soupe de pois chiches, ces poules et ces coqs et ces insectes qui avaient envahi sa vie, le vacarme du tramway qui passait avant l'aube, cet importun d'avocat qui était venu lui signifier qu'à cause de lui sa cliente avait perdu une jambe (*Qu'est-ce que madame s'était imaginé? Que la médecine moderne rendait possible la repousse des membres?*) et, plus récemment, une Guida les mains à la taille, méfiante de tout, passant son temps à se plaindre, avec en filigrane de chacune de ses réclamations toujours la même question: «Pourquoi devons-nous mener une existence aussi chiche?»

L'image de Guida endormie ne suffit pas à libérer Marcos de son cauchemar. Oui, l'argent pouvait acheter le bonheur, parce que le bonheur, c'était une chambre sans moustiques, même si cette chambre se trouvait dans un hôtel particulier lugubre de Botafogo. Marcos enfila donc les vêtements posés sur la chaise et sortit, en laissant un message à sa femme, sur la petite table à côté de la porte.

Ce message, c'était son alliance.

«Voilà ce qu'il m'a fait, Eurídice. Il m'a plantée là, en m'abandonnant à mon sort.»

Eh ben c'est encore mieux qu'une *radionovela*, se dit Das Dores qui avait tout entendu à travers la porte de la cuisine.

Guida savait que Marcos allait partir quand il s'était levé, cette nuit-là. Réveillée, elle était restée immobile, les yeux mi-clos. Cela ne l'aurait avancée à rien de tenter de retenir son mari. Cela faisait des mois qu'elle perdait Marcos, et ce moment n'était que la conclusion d'un mouvement initié par la déchéance matérielle du couple, que rien ne semblait vouloir arrêter. *Laisse-le donc*, pensa-t-elle. *Les hommes, ça s'en va et ça revient. Je lui donne moins de deux semaines pour se retrouver à genoux, ici, à me jurer ses grands dieux que ça n'arrivera plus, à m'implorer de le reprendre dans cette petite maison pleine de bestioles, mais vide de tous les fantômes de Botafogo.*

Quand au bout de deux semaines Marcos ne revint pas, Guida commença à se dire qu'en fin de compte elle n'en savait pas autant qu'elle l'avait cru. En revanche, une chose dont elle était sûre, c'était qu'elle était enceinte. Elle passait ses journées en proie aux nausées, à se nourrir de pain de maïs et de piments malagueta, et à se dire qu'il fallait avertir Marcos qu'il serait bientôt père. Quand elle alla un peu mieux, elle se rendit à son cabinet.

Elle sortit de chez elle en talons et robe ample. Une fleur à la boutonnière et du rouge sur les lèvres, afin de les mettre en valeur lorsqu'elle dirait *reviens à la maison, Marcos.* Elle arriva à l'immeuble de la place Saez Peña et demanda le docteur Marcos Godoy.

« Il ne travaille plus ici, dit le gardien.

— Impossible. Il est grand, avec une blouse blanche. C'est un médecin. Aux yeux clairs.

— Tout à fait, madame. De temps en temps, des gens viennent demander après lui. L'autre jour, c'était un avocat, et puis il y a eu aussi cette dame très indignée, avec sa fille qui portait un cache-œil. »

Guida sentit des palpitations dans sa poitrine. Elle prit le tramway pour Botafogo, pour se voir refuser l'entrée au portail de l'hôtel particulier, sous prétexte qu'aucun Marcos n'y habitait. Puis elle se rendit à la mairie, s'adressa au cabinet de monsieur le maire, et attendit deux heures avant qu'une secrétaire lui fasse savoir que monsieur Godoy ignorait où se trouvait son fils.

Le soleil se couchait déjà lorsqu'elle rentra à Piedade en tramway. Elle compta l'argent qu'elle cachait dans un pot de cuisine en cas d'urgence, et en déduisit que cela suffirait pour les deux mois à venir. Elle estima les biens de la maison, songeant à ce qu'elle pourrait revendre. L'alliance de Marcos serait la première chose qu'elle mettrait en gage. Il avait également laissé des chaussures et des pantalons de première qualité qui devaient bien valoir quelques sous. Lorsqu'elle eut fini tous ses comptes, elle éprouva le vif désir de cirer le parquet et nettoyer la salle de bains. Elle passa de l'huile de peroba sur les meubles et balaya les toiles d'araignée aux quatre coins du salon. Épousseta le tapis et nettoya les vitres avec de vieux journaux. Lava les draps et les étendit. Fit tremper les torchons et récura les casseroles en aluminium. Fit cuire du riz avec de l'oignon haché, frire deux œufs au plat dans de l'huile d'olive et s'assit pour manger son premier repas depuis plusieurs jours.

Après avoir rangé la cuisine, Guida s'assit sur le

sofa et demeura là, à caresser la médaille de Notre-Dame de Fatima qui reposait sur sa poitrine. Qui osait prétendre qu'on ne pouvait avoir un enfant seule ? Elle pouvait parfaitement repousser la date du loyer et partir sans payer, déménager à l'aube dans un quartier où personne ne la connaîtrait. Sauver les apparences en gardant son alliance à l'annulaire, informer les voisins qu'elle était veuve et à la recherche d'un emploi. Il lui fallait trouver du travail avant que son ventre se fasse remarquer. Quand son employeur découvrirait qu'elle était enceinte, il serait trop tard, il n'aurait pas le cœur de la renvoyer. Après l'accouchement, elle trouverait quelqu'un pour s'occuper du bébé et elle reprendrait le travail.

Ça va marcher, se dit-elle. Elle était capable de faire tout cela, et gare à ceux qui soutiendraient le contraire. Elle éteignit la lampe et se leva pour aller se coucher, peut-être un peu trop vite. Elle fut prise de vertige et retomba dans le sofa.

Non, ça ne marcherait jamais. Quelle idée idiote. *Comment est-ce que je pourrais faire semblant d'être veuve ? Et qui me donnera du travail ? Et même si j'en trouve, comment le garder après l'accouchement ? En disant à mon employeur, dites, patron, il faut que je reste un temps à la maison, mettons trois mois, quelque chose comme ça, merci infiniment de continuer à me verser mon salaire et d'attendre mon retour. Et qui s'occuperait du bébé ? Comme s'il existait un lieu au monde où les femmes pouvaient déposer leurs enfants le matin et venir les chercher après le travail !*

Tout cela n'avait aucun sens. Ce qui en avait, c'était de s'en remettre à ses parents. Jeter sa fierté aux orties, raconter ce qui s'était passé et leur demander d'accepter qu'elle vive de nouveau avec eux.

Le lendemain, Guida se prépara pour sortir, cette fois-ci sans talons ni rouge à lèvres. Elle prit l'omnibus, puis le tramway qui remontait Santa Teresa. À mesure qu'elle approchait de la maison de ses parents, elle avait de moins en moins envie d'être mère, et de plus en plus envie de redevenir fille. Elle voulait s'asseoir de nouveau sur les genoux de dona Ana, elle voulait qu'on la câline, et s'endormir comme une enfant, pour rêver d'un lendemain aussi agréable que la veille. Elle voulait de nouveau se réveiller en sentant son père à ses côtés et manger des flocons d'avoine avec Eurídice, tous les matins.

Elle n'était pas encore descendue du tramway lorsqu'elle aperçut l'épicerie, et croisa les yeux de seu Manuel. Mère et sœur devaient être à la maison, occupées à préparer le déjeuner. Père et fille se dévisagèrent tandis qu'elle approchait. Seu Manuel baissa les yeux lorsque Guida entra dans l'épicerie.

« Papa ? »

…

« Papa ? »

…

« C'est moi, papa. Ta fille Guida. »

Seu Manuel releva la tête et ne desserra la mâchoire que pour mettre un terme à l'échange.

« Je n'ai qu'une seule fille. Et elle s'appelle Eurídice. »

Guida emménagea de bon matin dans le quartier d'Estácio. Elle était toute vêtue de noir quand elle ouvrit la fenêtre de sa chambre de bonne. Elle se présenta à la voisine d'à côté sous le nom de Guida Gusmão, lui dit qu'elle était veuve et sans famille, et qu'elle venait de Poço de Caldas. Elle dit à la voisine d'en face qu'elle cherchait du travail.

« Je t'avertirai si j'entends parler de quelque chose », répondit la voisine.

Après déjeuner, elle sortit afin de visiter le quartier. Il y avait un magasin d'alimentation et une boulangerie. Deux bars et quelques boutiques de babioles. *Je pourrais travailler là-dedans*, songea-t-elle. En début d'après-midi, elle fut prise d'une énorme fatigue. Elle rentra chez elle et fila sous ses draps.

Ce déménagement, la recherche d'un emploi à deux mois de grossesse, tout cela demeurait une idée idiote. Ce qu'elle devait faire, c'était se débarrasser de ce bébé. Oui, exactement. Guida alla dans la cuisine, fit bouillir des bâtons de cannelle dans de l'eau et versa le liquide marron dans une tasse à café. Il suffisait de boire l'infusion pour avorter. Après quoi une nouvelle vie débuterait, et même s'il y avait fort à parier qu'elle ne serait pas des plus agréables, Guida savait que les choses finiraient par s'arranger.

L'infusion était encore bouillante, Guida attendit qu'elle refroidisse. Elle refroidit, mais Guida la trouvait encore un peu trop chaude : mieux valait attendre encore un peu. L'infusion finit par refroidir totalement, au point d'être glacée. Guida tenait la tasse à deux mains, le regard rivé sur le liquide sombre. Elle se sentit de nouveau saisie d'une immense fatigue et d'un irrépressible besoin de dormir. *Je verrai ça demain. Demain.*

Le lendemain, Guida alla demander si on avait besoin de quelqu'un au magasin d'alimentation.

« Vous avez de l'expérience ?

— Feu mon mari avait une épicerie, qu'il a perdue à cause de ses dettes.

— Vous savez tenir la caisse ?

— Tout à fait, monsieur. »

Seu Zé lui soumit le salaire, Guida répondit que ça lui allait. Avoir une jolie fille à la caisse, c'était bon pour les affaires, et pouvoir payer ses factures, c'était bon pour Guida.

Les mois qui suivirent, la jolie fille prit du ventre, seu Zé faisant semblant de ne rien remarquer, jusqu'à ce que Guida le prenne à part dans un coin du magasin pour lui raconter entre ses sanglots que son mari l'avait mise enceinte juste avant de mourir. Les larmes attendrirent le cœur de seu Zé, qui lui dit : « Bon, très bien ma petite, continue à faire ton travail, on verra ça en temps et en heure. »

Pour Guida, c'était déjà tout vu. Elle refilerait l'enfant à l'adoption. Ce n'était pas une idée idiote, c'était la seule façon de continuer à vivre sa vie. Son ventre grossissait et Guida ne baissait même pas les yeux. Son ventre bougeait et Guida faisait mine de ne pas le remarquer. Et quand le petit peton de cette chose lui donnait un coup dans les côtes, Guida prévenait : « Ce sera d'ici à l'hôpital, et de l'hôpital à l'orphelinat. »

La première partie du plan fonctionna sans grande surprise. Le travail débuta un dimanche matin, et comme les douleurs étaient supportables, elle se crut capable de marcher jusqu'à l'hôpital. Arrivée sur la place Cruz Vermelha, elle n'arrivait déjà plus à serrer les cuisses. Des inconnus la conduisirent à l'hôpital. Le souvenir qu'elle garda de la suite était assez vague, mais elle eut l'impression de passer deux heures (ou quatre, ou six) assise seule au fond d'un couloir (ou était-ce une petite pièce ?). Elle se cabrait dans les moments les plus insupportables, jusqu'à ce qu'elle éprouve une douleur dépassant les limites de l'insupportable. Elle baissa les yeux et vit la tête de son fils. Des infirmières apparurent et on l'emmena en salle d'accouchement. Elle se rappelait avoir poussé d'autres cris et obéi à des personnes qui ignoraient jusqu'à son prénom. Des pleurs de nouveau-né, un sol immonde, du sang qui maculait le tissu blanc, un va-et-vient impossible comme en pleine rue da Quitanda. Quelqu'un la mit sur un brancard (ou une chaise roulante ?), la conduisit dans une chambre. Et au moment où elle croyait pouvoir enfin se reposer, sur ce drap où une autre femme avait laissé des cheveux et de récentes taches, on lui passa un petit paquet blanc.

« Je ne veux pas de ce bébé ici.

— On n'a plus un berceau de libre. »

La Guida d'avant aurait considéré comme un

crime contre l'humanité d'avoir à passer la nuit à côté du cancer qu'on venait de lui enlever. Mais la Guida d'alors aurait préféré la mort à tout effort dépassant le simple fait de respirer. Elle se poussa d'un côté du lit et tenta de s'endormir, mais à peine eut-elle fermé les yeux qu'elle les rouvrit, désespérée. *Le petit paquet risque de tomber !* Elle se retourna pour prendre le bébé dans ses bras. Si jadis elle désirait plus que tout perdre son enfant, à présent elle était prête à tout perdre, sauf son enfant. Guida blottit le bébé entre ses seins et elle se sentit en paix. *Quel bonheur que tu sois là, Francisco.*

Plus jamais elle ne se sentirait seule.

8

En rentrant chez elle, Guida trouva au pied de sa porte un sac qui renfermait des vêtements pour nouveau-né et des langes. Un petit berceau apparut de nulle part, et une tétine, et un biberon, et un hochet. Dans l'Estácio de cette époque, un fils de mère célibataire avait le quartier tout entier pour parrain. Guida n'était pas la première à s'installer seule, en inventant une histoire abracadabrante. Nombreuses étaient les demoiselles déflorées et abandonnées, nombreuses celles qui changeaient de statut social suite à une erreur de jeunesse.

Tous ceux qui pouvaient aider aidaient, et dans un cas pareil, tout le monde pouvait, et tout le monde aida. La voisine d'en face donna une casserole pleine de bouillon de poule (« c'est bon pour le lait »). Celle d'à côté dit qu'elle pouvait s'occuper de la lessive (« tu es encore trop faible »). Une autre voisine apporta un dessus-de-lit en crochet et des souliers rouges (« ça porte bonheur »). Et demanda si Guida connaissait Filomena.

« Filomena ? »

Oui, Filomena. Filomena avait été la prostituée

la plus recherchée d'Estácio. Elle n'était ni la plus jolie ni la plus experte, mais son sourire était si plein de bonté que les hommes adoraient se délasser, la tête posée sur sa poitrine. Jusqu'à ce que son sourire s'en aille, en emportant avec lui ses dents cariées. Et que la syphilis arrive, accompagnée de cicatrices au visage. Elle perdit tous ses clients, et n'échappa à la famine que grâce au quartier, qui lui remboursa tous les repas et toutes les nuits sous un toit qu'elle avait offerts aux gens dans le besoin durant sa période faste. Pour Filomena, l'argent était comme l'air qu'on respire, il entrait et sortait sans cesse, sans qu'on puisse l'en empêcher.

Il n'était pas dans ses plans de vivre aux crochets des autres, raison pour laquelle elle commença à s'occuper d'un enfant de temps en temps, pendant que la mère travaillait. Mère et fils étaient si heureux que d'autres mères vinrent frapper à sa porte, et d'autres encore. Filomena devint la nounou la plus recherchée d'Estácio. Son trois-pièces accueillait les bambins de jour comme de nuit.

« Ah, sept à la fois, je peux pas », disait-elle quand la mère d'un huitième la sollicitait. « Essayez avec Maria da Penha. Ou Efigênia. »

La mère faisait la moue et demandait quand une place se libérerait.

« Quand ceux-là iront à l'école, je vous préviendrai. Écrivez votre nom dans ce petit cahier. »

La mère écrivait son nom, tout en bas d'une longue liste.

Cette femme avait une approche inédite de la discipline, qui excluait les corrections. Elle avait une voix de sirène, à laquelle tout le monde obéissait. À l'heure de la sieste, tous les enfants voulaient dormir avec elle. Filomena en prenait un sur son bras droit, un autre sur le gauche, en mettait un troisième sur ses épaules, en coinçait un autre sous son bras, et ils allaient tous se coucher ainsi, Filomena ressemblant à une femme prise dans une arantèle d'enfants. Elle se déplaçait chez elle toujours suivie d'une file indienne de mômes, qui refusaient de s'éloigner de leur nourrice.

Les prostituées en activité n'avaient aucun problème à laisser leurs enfants à une femme si abîmée par la vie. Les marmots se réjouissaient de retrouver leur nounou et se plaignaient lorsque venait l'heure de la quitter.

« Pas la peine de pleurer, Paulinho, tu reviens demain », disait Filomena en s'arrachant des bras d'un blondinet.

Personne n'avait jamais vu Filomena triste, ou de mauvaise humeur. Elle souriait beaucoup et riait plus encore, même lorsqu'il ne se passait rien de vraiment amusant. Elle cachait sa bouche d'une main pour n'effrayer personne, mais quand la chose était vraiment drôle, elle s'oubliait, et ses éclats de rire révélaient ses amygdales et les dents méchamment cariées qu'il lui restait.

Filomena ne pouvait résister aux mères désemparées, encore moins à celles qui semblaient aussi fragiles que Guida. « Suffirait d'une pichenette pour qu'elle tombe », se dit-elle quand elles firent connaissance. Elle avait en outre un faible pour les nouveau-nés. Quand elle en prenait un dans ses bras, elle se souvenait des huit enfants à qui elle avait donné le jour. Cinq avaient été déposés à l'orphelinat, et trois avaient été étouffés par son compagnon d'alors, au fond du taudis où ils vivaient.

« Ce sont mes petits anges qui m'attendent au ciel », disait-elle, avec un sourire édenté à l'haleine fétide.

Filomena dit à Guida qu'elle pouvait habiter chez elle, le temps de se remettre de l'accouchement. Guida accepta, non seulement parce qu'elle n'avait personne d'autre vers qui se tourner, mais parce que cette femme lui apportait une paix qu'elle n'avait plus connue depuis longtemps. Une paix qui évoquait ses années de célibat, quand elle somnolait dans le salon au son de la flûte d'Eurídice. Une paix qu'elle ne reconnut en tant que telle que longtemps après, lorsqu'elle lui fit défaut.

Et ce fut là, dans l'une des chambres de la maison de Filomena, à côté du petit berceau blanc aux barres de fer, dans le brouhaha continu des enfants qui jouaient au salon, que Guida put enfin se reposer.

Chico tenait beaucoup de sa mère. Il semble que lui aussi soit né en sachant tout, ou tout du moins sachant qu'il devait bien se comporter pour mériter l'amour de sa mère et de Filomena. Il apprit très vite à se pelotonner dans les bras qui l'enlaçaient, pour dormir d'un sommeil paisible, d'une façon si attendrissante que n'importe quelle femme aurait voulu le ramener chez elle. Ou en l'occurrence, que Filomena ne pouvait envisager de le voir partir de chez elle. À mesure qu'il grandissait, son visage ressemblait de plus en plus à celui de Guida, et ses yeux devinrent aussi clairs que ceux de son père, ce qui au début gêna sa mère. Mais bien vite, le bleu des yeux de Chico cessa d'être le bleu des yeux du père. Ce ne fut plus qu'un bleu propre à Chico. Quand elle regardait son enfant, Guida ne voyait plus que son fils.

Filomena apprit à Guida à appliquer un bout de coton mouillé sur le front du petit, « pour faire passer le hoquet ». Elle lui interdit de manger des haricots, « pour pas que le bébé ait des coliques ». Elle l'obligea à porter trois mois durant une gaine très serrée, « parce que t'es peut-être pas encore revenue de couches mais t'es quand même pas morte, et un homme, quand ça embrasse une femme qui a pas de taille, ça a l'impression de serrer un poteau électrique ». Le nourrisson devait manger du *pirão*[1] de poisson deux fois par semaine, « pour devenir intelligent ». C'était Filomena elle-même qui choisissait la tête de poisson destinée à finir dans le pirão de Chico. Elle arrivait en fin de marché, où les commerçants lui réservaient les meilleures pièces parmi les pires, destinées à la poubelle.

« J'ai bien cru que vous ne viendriez pas, Filomena.

— Jamais de la vie, seu Joel ! Mon Chico a besoin de poisson. Montrez-moi un peu ce que je peux prendre pour quinze réis. »

Filomena rentrait chez elle avec son paquet qui sentait la marée basse, souriant à toutes celles et tous ceux qu'elle croisait.

1. Bouillie à base de farine de manioc.

Les mois passèrent. Guida s'était déjà remise, Chico marchait déjà en s'appuyant aux murs, et on oublia que la jeune mère était censée quitter la maison de Filomena. Elle se mit à l'aider avec les enfants, parce que qui s'occupe d'un gamin peut s'occuper d'un deuxième, d'un troisième, d'un quatrième. Et Filomena accepta de l'accueillir indéfiniment, parce que qui nourrit une bouche peut en nourrir une deuxième, et une troisième, et une quatrième, et une dixième. Guida cessa de payer le loyer de sa chambre de bonne, fit envoyer une voiture à bras afin de ramener chez Filomena ses quelques effets personnels, et cloua au mur, juste en face du berceau de Chico, une image encadrée de Notre-Dame de l'Apparition. Et ainsi fut fondée une nouvelle famille, composée de Chico, de ses deux mères et de ses nombreux frères et sœurs.

Guida se remit d'abord de l'accouchement, puis de l'abandon. Qui osait prétendre qu'on ne pouvait élever un fils seule ? C'était bel et bien ce qu'elle faisait, personne ne pouvait le nier. La jeune femme se remit à marcher le dos droit et le menton haut, arpentant les trottoirs étroits d'Estácio sans chercher à cacher sa fierté.

Une telle assurance stupéfiait les hommes. Au passage de Guida, ils restaient bouche bée. Ils profitaient d'avoir la bouche ouverte pour l'inviter timidement à faire un tour, proposition qui poussait systématiquement Guida à détourner la tête, fermer les yeux et passer son chemin.

Elle ne voulait rien savoir de tout cela. Le seul homme de sa vie, c'était Chico. Quand il se réveillait au milieu de la nuit, il courait dans le lit de Guida, et c'était si bon de se retrouver ainsi avec sa mère qu'il se mit à se réveiller au milieu de la nuit, nuit après nuit. Après plusieurs mois passés à dormir avec son fils dans les bras, Guida dut feindre la dureté. « Tu es déjà un grand garçon, il faut que tu dormes dans ton lit. » Chico reprit l'habitude de dormir dans son lit, et Guida prit celle de se réveiller à l'aube, tant son enfant lui manquait.

Si Guida avait une moitié en ce monde, c'était bien Filomena, mi-sœur, mi-mère, et mi-associée. Grâce à Guida, Filomena se professionnalisa : jusqu'alors, elle appliquait la règle du *vous payez quand vous pouvez*, raison pour laquelle, quand venait l'heure de régler les comptes, elle se voyait contrainte d'appliquer celle du *vous payez ce que vous pouvez*. Elle augmenta ses tarifs et imposa une heure d'arrivée des enfants. Un enfant malade devait rester chez lui afin de protéger les autres. Une fois par semaine, les mères devaient ramener des serviettes propres pour le bain des enfants. Et si elles venaient chercher leur gamin après l'heure convenue, elles devaient payer un petit supplément.

« Tu es vraiment un ange qui m'est tombé du ciel », disait Filomena, avec dans la bouche quelques dents toutes neuves qu'elle avait fait faire grâce à ses nouvelles finances.

« C'est toi, l'ange, Filomena », répondait Guida.

Guida et Filomena achetèrent un transistor General Electric. Elles firent rembourrer le canapé. Réparèrent la fuite de la salle de bains et la gouttière du toit. Peignirent la façade de la maison et changèrent le carreau cassé de la fenêtre. Guida décora sa chambre, choisissant un papier peint à lignes roses et fleurs des champs, identique à l'un des motifs qu'elle avait vus dans le *Jornal das Moças*. Les nouveaux rideaux étaient du même bleu clair que les dessus-de-lit à volants. Elle acheta une coiffeuse dont elle recouvrit la table de parfums venus de la boutique Sloper. Dans un coin de la pièce se trouvait le petit lit de Chico, qui avec son dessus-de-lit blanc en crochet détonnait avec le reste de la décoration.

Durant la journée, Guida aimait passer sur le seuil de la chambre afin d'admirer son ouvrage et de se demander si l'agencement était optimal, s'il y manquait quelque chose. C'est ainsi qu'elle fit l'acquisition des trois petits tableaux représentant des tulipes. Et le petit bureau où Chico ferait ses devoirs. Et touche finale, les coussins aux tons roses pour le chevet du lit.

« Des coussins saumon », déclara Guida sur le seuil de sa chambre, répétant une expression qu'elle venait tout juste d'entendre à la radio : elle n'avait jamais vu de saumon de sa vie.

Le lendemain, elle alla faire le tour des magasins de tissus de la rue Buenos Aires. Elle entra dans le plus grand et ignora les étoffes en promotion. Elle trouva les présentoirs des tissus les plus nobles et héla un vendeur.

« Pourriez-vous je vous prie me préparer trois mètres de cette soie en saumon ? » demanda-t-elle à l'homme qui était déjà bouche bée, les yeux rivés sur les dents de Guida.

« Rose saumon, entendu. »

En sortant de la boutique, elle aperçut Eurídice. Une Eurídice au visage de femme déjà faite, mais qui avait le même air absorbé que toujours, avec lequel elle scrutait à cet instant précis les tissus en promotion. Elle connaissait bien ce trait de sa sœur. Quand Eurídice se concentrait sur quelque chose, le reste du monde cessait d'exister. Guida aurait pu se tenir là, tout à côté d'elle, qu'elle n'aurait guère plus existé à ses yeux. Eurídice passa en revue chaque tissu exposé, tira de sa poche un petit carnet afin d'y consulter ce qui semblait être des mesures, et demanda à un vendeur de lui couper une demi-douzaine de pièces.

Guida s'appuya à une colonne, sans savoir quoi faire. Elle voyait parfaitement la cicatrice de varicelle que sa sœur avait gardée à la tempe. Elle sentait la crème hydratante Leite de Rosas qu'Eurídice s'appliquait toujours sur le visage. Elle distinguait le médaillon de Notre-Dame de Fatima qu'elle portait autour du cou, identique à celui qu'elle était en train de serrer dans sa paume. Il aurait suffi de tendre le bras pour toucher Eurídice. Mais était-il vraiment avisé de tirer sa sœur de sa transe ? Elle lui manquait énormément, mais sa volonté de faire son retour en triomphe était plus considérable encore. Sa chambre, même décorée, demeurait au milieu d'Estácio, et son fils n'avait toujours pas de père. Ses ongles rouges étaient encore abîmés, à force de changer les langes des enfants des autres, et elle gagnait sa vie en faisant affaire avec une ancienne prostituée. Elle croyait qu'un jour tout cela changerait et, par conséquent, que le temps n'était pas encore venu d'embrasser sa sœur. Elle attendit qu'Eurídice paie, la suivit à travers le Centre et s'assit tout au fond du tramway à bord duquel elle monta.

« Et c'est comme ça que j'ai découvert où tu habitais, commenta Guida.

— Ça remonte à quand ?

— À pas si longtemps. L'année dernière. Tu portais une robe jaune clair, avec des lignes blanches au niveau de l'ourlet.

— Je vois laquelle c'est. C'est moi qui l'ai faite, cette robe.

— C'est toi ? Quand est-ce que tu as appris à coudre ?

— Tout juste l'année dernière. » Eurídice fixa alors du regard la bibliothèque qui lui faisait face. « Mais j'ai abandonné tout ça, à présent. »

Tandis que Guida se remettait de l'abandon dont elle avait été victime, Chico continuait de grandir, heureux les premières années, beaucoup moins durant celles qui suivirent.

Tout petit, Chico croyait que toutes les familles ressemblaient à la sienne. Tous les enfants avaient deux mamans, et toutes les mamans étaient aussi douces que les siennes (même si ses mamans étaient les plus douces du monde entier). Il croyait qu'il aurait des yeux de super-héros s'il mangeait toutes les fourmis qu'il trouvait autour du sucrier, parce que « les fourmis, c'est bon pour les yeux ». Il croyait que, quand il se faisait un œuf de pigeon à la tête, un pigeonneau finirait par en sortir. Il croyait que la bouilloire sifflait parce qu'elle était vivante, et que s'il mangeait trop de sucettes sa bouche resterait rouge toute sa vie. Il croyait que Captain America vivait très loin d'ici, c'est-à-dire juste derrière le morro.

Il grandit un peu, et s'aperçut que les choses n'étaient pas tout à fait comme il se les était imaginées. Il n'existait pas d'autre famille comme la sienne. Il fallait qu'il y ait un père, comme celui qui apparaissait dans les abécédaires de l'école, avec son costume noir et ses cheveux brillants. De mère, il ne pouvait y en avoir qu'une, et si frères et sœurs avaient le droit d'être nombreux, ils ne pouvaient partir et revenir sans cesse comme les siens. Les fourmis, ce n'était bon pour les yeux que lorsque l'une d'elles tombait dans ses flocons d'avoine et que Guida avait la flemme de l'en retirer. L'œuf de pigeon à la tête était douloureux, rien d'autre, même si Chico n'avait pas abandonné tout espoir de voir un bébé pigeon en sortir un jour. Pourquoi la bouilloire sifflait, cela, il l'ignorait toujours, en revanche il savait qu'elle n'était pas vivante. Sa bouche resterait bel et bien rouge jusqu'à la fin de ses jours s'il mangeait trop de sucettes, cela, ses deux mères juraient que c'était la vérité la plus vraie qui ait jamais existé. Mais Captain America n'habitait pas de l'autre côté du morro. Captain America vivait quelque part où on ne pouvait aller qu'en avion. C'était Saci-Pererê[1] qui vivait de l'autre côté du morro.

Chico grandit encore un peu, et à dix ans il croyait tout savoir. Ses deux mères étaient des créatures, parce que c'était ce qu'un camarade d'école lui avait dit, ce qui avait déclenché une bagarre, même si Chico ignorait ce que cela signifiait. Il rentra chez lui tout écorché, se fit gronder par Guida, qui le regretta presque aussitôt et lui prépara des flocons d'avoine. Le visage tuméfié du petit garçon inquiétait tellement Guida qu'elle retira elle-même les fourmis tombées dans l'assiette de son fils. « C'est pas vrai, ce qu'on dit à propos des fourmis, hein maman ? » Guida changea de sujet. Chico savait déjà qu'il ne sortirait aucun pigeonneau de la bosse qu'il s'était faite au front pendant la bagarre, et il savait que la bouilloire sifflait à cause de la vapeur, comme ce fut le cas ce soir-là, parce qu'en plus de ses blessures il avait les bronches prises, et Filomena fit bouillir un peu d'eau avec de l'extrait d'eucalyptus. Puis elle lui donna une sucette sans lui dire que sa bouche resterait rouge pour toujours. Comme elles étaient agréables, ces nuits où il était malade : maman Guida le laissait dormir avec elle dans son lit, afin qu'il n'ait pas peur de tous ces monstres qui vivaient de l'autre côté du morro, lui qui vivait ici, sans défense, parce que Captain America habitait bien trop loin et qu'il n'aurait pas le temps de venir sauver tout le monde.

Malgré toutes les sucettes, tous les câlins et tous

1. Personnage du folklore brésilien.

les flocons d'avoine, Chico grandit à moitié révolté d'avoir une vie agréable, mais pas comme il faut. D'avoir deux mères si douces, mais si rebelles. Pourquoi en voyant Filomena dans la rue, cette dame avait changé de trottoir, crachant dans sa direction et lui lançant un « gourgandine » ? Pourquoi, l'autre jour au marché, on avait traité sa maman Guida de fille de joie, et pourquoi sa maman avait tenu tête en répliquant qu'il valait mieux être une fille de joie qu'une fille de tristesse ? Pourquoi Filomena ne pouvait-elle entrer à l'église qu'après le début de la messe, et pourquoi devait-elle en sortir avant la fin ? Rien qu'un tas d'injustices, se disait-il, et plus il en apprenait sur le monde, plus il éprouvait de la colère. Préjugés, pauvreté, l'absence de père, la dure vie de ses mères, toutes ces choses faisaient partie d'un grand tout. Il le savait déjà à cette époque, mais ce n'était encore que par intuition.

Passé ses onze ans, Chico, jusqu'ici à moitié révolté, se révolta complètement. Filomena, sa maman Filomena, se mit à avoir des douleurs au sein, provoquées par un énorme œuf de pigeon. Un jour, elle revint de l'hôpital sans afficher le moindre sourire, et le mot « cancer » devint aussi proscrit que les mots créature, gourgandine et fille de joie. En lisant le désespoir de Chico dans son regard, Filomena s'obligea à sourire. « T'inquiète pas pour ça, c'est rien du tout ! » Elle voulut prendre l'enfant sur ses genoux, mais elle poussa un cri lorsque leurs deux corps se touchèrent. La douleur qui lui perçait le sein était plus grande que son habileté à la dissimuler.

Guida et Filomena se séparèrent de la moitié des enfants qu'elles gardaient. Filomena passait ses journées à gémir dans sa chambre, tandis que Guida se laissait pousser de nouveaux bras et démultipliait ses jambes afin de pouvoir s'occuper des gamins et de son amie. Chico ne demandait qu'à être utile, mais sa mère ignorait ses requêtes. « Ton travail, c'est d'étudier et d'avoir de bonnes notes à l'école. » Il se plongeait alors dans les livres et se perdait dans une multitude d'histoires. Quand il relevait les yeux, il trouvait tout horrible, et disparaissait aussitôt dans le premier livre venu.

À petit feu : c'est ainsi que Filomena mourut. La radiothérapie ne parvint qu'à lui brûler les bras, l'opération chirurgicale du sein ne parvint qu'à l'affaiblir. Le cancer passait d'organe en organe comme une goutte de mercure qu'aucun docteur ne parvenait à attraper. Filomena et le cancer habitaient le même corps, mais le cancer occupait de plus en plus de place, et Filomena de moins en moins. Elle savait qu'elle était arrivée à la fin, que ce n'était plus qu'une question de temps. Le problème était que le temps passait horriblement lentement.

« Sainte Marie, je suis encore là ? » disait Filomena quand elle se réveillait d'un sommeil agité.

Elle avait des métastases à la tête, aux jambes et entre les côtes. Les médecins ne pouvaient guère faire plus que de la prendre en consultation en lui épargnant l'attente, et redoubler d'encouragements auxquels eux-mêmes ne croyaient pas.

Et la mort n'arrivait pas. La pauvre femme n'était plus tout à fait une femme, c'était un tas de blessures amoncelées sur le lit, mais la mort s'obstinait à ne pas venir. Le jour, elle ne parlait pas, la nuit, elle ne faisait que gémir, et de la mort qui soulage de toutes les peines, toujours aucun signe. Quand Chico était à l'école, elle répétait : « Je veux mourir, je veux mourir ! » Dieu l'entendait et répondait : « D'accord, mais pas aujourd'hui. » Et Filomena demandait : « Si c'est pas aujourd'hui, alors quand, mon Dieu ? » Et Dieu disait : « Quand viendra l'heure, Filomena, quand viendra l'heure. »

Et cette heure n'arrivait pas. Quiconque apercevait Filomena lorsqu'on l'emmenait à l'hôpital détournait aussitôt les yeux pour ne pas voir ; quiconque habitait trop près se bouchait les oreilles pour ne pas entendre. Une à une, les mères retirèrent leurs enfants, et bientôt seuls restèrent sous le toit de cette maison Guida, Chico plongé dans ses livres, et environ 30 % de Filomena.

Les économies du pot de cuisine auraient pu leur permettre de survivre quelques mois au régime soupe de pois chiches, mais Guida avait d'autres priorités plus importantes.

« Il me faut l'injection, il me faut l'injection », supplia Filomena entre deux gémissements.

La dose quotidienne de morphine envoyée par l'hôpital ne suffisait pas à la soulager des douleurs du cancer. Guida compta les billets du pot et alla à la pharmacie.

« Bonjour, seu João. Est-ce que vous pourriez me vendre quelques ampoules de morphine ?

— De morphine ? Non, ça, je ne peux pas, dona

Guida. Uniquement avec une autorisation du médecin.

— Je vous paierai bien, seu João. »

Elle tenta de le convaincre en lui faisant le récit de la nuit passée.

« C'est pour Filomena. Elle s'est levée à l'aube et a essayé de s'échapper, elle disait qu'elle refusait d'être la cause de notre malheur. Elle a perdu connaissance dans le couloir, on a dû la transporter jusqu'au lit. Elle s'est réveillée en plein délire, elle racontait qu'on lui avait fermé les portes du ciel, qu'elle arrivait à voir ses huit enfants de l'autre côté. Et qu'elle avait beau crier et secouer la grille, personne ne venait lui ouvrir.

— C'est une drogue qui rend dépendant, vous savez, dona Guida…

— Combien, seu João ? Je paierai le prix qu'il faudra. »

La dose supplémentaire lui coûta la moitié de ses économies. La deuxième dose lui coûta l'autre moitié. La troisième dose lui coûta le médaillon de Notre-Dame de Fátima qui ne quittait jamais son cou. La quatrième dose lui coûta de se coucher sur le tapis, tout au fond de la pharmacie, avec seu João en train d'ahaner sur elle. La cinquième lui coûta la même chose, et il n'y eut pas besoin de sixième dose. Filomena s'en alla entre deux rêveries opiacées, ainsi que Guida l'avait souhaité.

Elle arriva au ciel encore un peu groggy, et trouva les portes enfin ouvertes. À chaque pas qu'elle faisait, elle se sentait un peu mieux. Au bout de quelques mètres, elle était aussi forte et énergique que la femme qu'elle avait été quinze ans auparavant.

« Quelle beauté, dit un ange qui se trouvait là.

— Belle, moi ? » répliqua Filomena, et l'ange insista : « Oui, toi », et il lui passa un petit miroir. Filomena observa sa peau parfaite, ses dents blanches. Elle fut si heureuse qu'elle embrassa le premier qui passa.

« Ce sont des manières, Filomena ?

— Bien sûr que ce sont des manières, vous le savez aussi bien que moi ! répliqua-t-elle en éclatant de rire.

— C'est vrai, Filomena, dit saint Pierre. Sois la bienvenue. Tes huit petits anges sont là, ils t'attendent. »

Elle savait pertinemment que c'étaient des manières, celles du ciel. Saint Pierre lui-même avait beaucoup ri à son arrivée, quand il avait vu son propre visage, tout propre. Il fallait voir dans quel état étaient ses dents sur Terre. Il fallait voir les marques de syphilis qui scarifiaient alors son visage.

9

Durant ses derniers jours de cancer, Filomena devint dépendante à la morphine, et seu João devint dépendant à Guida. Même après l'enterrement, le patron de la pharmacie ne cessait de relancer la jeune femme dans l'espoir de poursuivre les affaires initiées tout au fond de sa boutique. Comme Guida n'avait plus besoin d'ampoules de morphine, et qu'elle avait besoin d'avoir la paix, ses réponses furent au début des variations sur le thème du « non », puis ce furent des menaces.

« Si vous insistez encore, j'irai au poste parler de tout ça au commissaire.

— Vas-y. Il te rira au nez, voilà ce qui se passera ! » Et pour illustrer ses propos, João lui riait au nez.

Guida lui tournait le dos et essayait de penser à autre chose. Elle était Guida Gusmão, la femme qui ne couchait qu'avec qui elle voulait, quand elle le voulait.

À la mort de Filomena, Chico fut si révolté que Guida le laissa dormir avec elle. Le corps d'une mère est un excellent remède à la colère. Ils se serraient fort l'un contre l'autre, sous les draps, Guida pensant protéger son fils, son fils pensant protéger sa mère. Guida respirait profondément pour que Chico la croie endormie, et Chico respirait profondément pour qu'elle le croie endormi. Et ils s'endormaient en même temps. Guida se réveillait aussitôt après, et sa respiration était à nouveau courte et saccadée.

Elle fit savoir dans tout le quartier qu'elle reprenait son activité de garde d'enfants, en vain. Les mères d'Estácio avaient trouvé d'autres nounous, à de meilleurs tarifs que ceux de Guida. Le pot de cuisine où elle gardait ses économies était vide. La fin du mois approchait, et le propriétaire de la maison où ils habitaient couvait déjà Guida de regards affamés.

Elle trouva du travail en tant que caissière dans une mercerie du quartier de Rio Comprido. C'était une boutique sombre et étroite, où s'accumulait la poussière des tramways et des omnibus qui remontaient la rue do Bispo. La patronne était une Turque aux seins énormes, qui paraissaient encore plus gigantesques dans les robes imprimées qu'elle portait. Dona Amira était veuve depuis des années, et avait compris que pour rester maîtresse de ses affaires et de son destin, il lui fallait se comporter comme un homme. Ni ses pendants d'oreilles ni ses ongles longs ne parvenaient à la rendre un tant soit peu féminine. Tous les habitants du quartier avaient le plus grand respect pour ses bonjours sans sourire, sa bouche en arc de cercle et son mépris absolu pour tout ce qui n'était pas aiguilles, ciseaux et dés à coudre.

La petite boutique de la rue do Bispo était le royaume de dona Amira, et elle y régnait en despote. Les minutes de retard étaient déduites du salaire de Guida. Il n'y avait pas de temps libre à la caisse : en l'absence de clientes, Guida devait passer le plumeau un peu partout. Ou le balai, ou un chiffon humide sur la vitrine, et puis qu'est-ce qu'elle faisait au fond de la mercerie, cette imbécile de Guida, avec son plumeau ? Il y a là une dame qui attend à la caisse, et qui aimerait bien payer ses bobines de fil ! L'incompétence agaçait considérablement dona Amira, et comme elle avait besoin d'être agacée pour se sentir vivante, Guida devint vite une incompétente notoire. « Tu es complètement incompétente ! » disait-elle, et Guida faisait le gros dos.

Guida savait que son incompétence était directement liée au manque d'amour dont souffrait dona Amira, et pour cette raison elle ne relevait aucune de ces remarques. Elle savait que de son travail dépendait directement le bien-être de son fils, et pour cette raison elle acceptait tout. Et Guida savait également autre chose : mieux valait être sous les ordres d'une femme que sous les ordres d'un homme, même si cette femme était capable de transformer une mercerie en purgatoire, parce que mieux valait être au purgatoire qu'en arrière-boutique, sous son patron.

Et puis les choses s'arrangeraient forcément le mois suivant, quand la période d'essai de Guida toucherait à sa fin : elle pourrait toucher le salaire minimum et se faire signer sa carte de travail. Dona Amira imposa une période d'essai de trois mois, payés tout juste la moitié du salaire. Selon la Turque, il fallait bien quatre-vingt-dix jours pour s'assurer que Guida savait se servir de la caisse enregistreuse. Guida avait accepté cette condition. Non seulement parce qu'il n'y en avait pas d'autres, mais aussi parce que dona Amira, très versatile dans l'art des finances, lui avait versé une avance qui lui avait permis de payer son loyer en retard, et l'avait ainsi amenée à se sentir redevable envers elle.

Après une journée entière d'ordres et de contrordres, Guida rentrait chez elle un peu abattue, la peau recouverte d'une épaisse couche de poussière. Elle trouvait Chico au salon en train de lire un livre, ou dans sa chambre en train de lire un livre. Mère et fils dînaient ensemble, en silence, parce que Guida n'avait rien à raconter de sa journée à la mercerie, et que Chico ne voulait pas parler de l'école. La maison était vide du vacarme des enfants et des rires de Filomena. Dîner dans le silence, c'était d'une certaine façon dîner avec Filomena, parce que le vide qu'elle avait laissé rappelait la place qu'elle avait occupée.

Une nuit de juillet, Chico se plaignit d'une douleur à la gorge, et Guida lui fit faire des gargarismes. Il avait un peu de fièvre, et Guida lui donna deux aspirines. Quelques jours plus tard, le petit garçon était cloué au lit. Il passa la matinée plié en deux sous les draps, s'efforçant de ne pas gémir.

Chico souffrait de fièvre rhumatismale. Il avait

besoin d'injections de Benzetacil, de corticoïdes et de médicaments pour le cœur.

« Combien de temps doit durer le traitement, docteur ? demanda Guida en se tordant les mains.

— Jusqu'à ses dix-huit ans. »

Et elle continua à se tordre les mains, comme si elle avait pu en extraire quelques cruzeiros. Guida n'avait jamais brillé en mathématiques (même si elle excellait dans la dissimulation de ses erreurs de calculs à la caisse de la mercerie), mais elle n'avait pas besoin d'additionner les prix de tous les médicaments prescrits, de les multiplier par douze mois, puis par sept ans de traitement, pour savoir qu'elle n'avait pas les moyens de soigner son fils.

À moins que, à moins que.

Elle rentra chez elle la tête pleine de calculs et de plans. À part caissière, elle ne savait pas faire grand-chose. Guida ne s'y connaissait qu'en décoration intérieure, en coiffure, en maquillage et ongles vernis. Et donc… et donc elle était là, la solution ! Guida pouvait ouvrir un salon de beauté à la maison. Elle pouvait travailler les samedis et dimanches, et ce n'étaient pas les clientes qui manqueraient. Toutes les femmes d'Estácio guettaient le moindre de ses gestes et expressions et, dans le fond, auraient voulu lui ressembler ne serait-ce qu'un peu.

Elle demanda une nouvelle avance à dona Amira, dont la bouche en arc de cercle se courba encore plus vers le bas, mais qui ne refusa pas. Guida acheta brosses, bigoudis, vernis à ongles, fer à cheveux. Elle déménagea la coiffeuse de la chambre au salon, déposa des revues féminines à côté du divan, et fit savoir dans tout le quartier que sa maison se transformerait chaque week-end en salon de beauté.

Guida était vraiment très douée de ses mains, et ses goûts étaient des plus sûrs. Les clientes entraient un peu négligées et ressortaient toutes pimpantes. L'argent qu'elle se fit correspondait au sou près aux frais médicaux de Chico. L'élixir pour le cœur coûtait quatre cents cruzeiros, l'équivalent de dix jours de salaire à la mercerie.

Cela arriva le dernier samedi du deuxième mois de traitement de Chico. Guida venait d'éteindre les lumières du salon. La dernière cliente était partie un peu auparavant, et elle se reposait dans l'obscurité, les jambes sur l'accoudoir du canapé. Elle avait les pieds enflés, et très mal au dos. Elle prit une revue féminine qu'elle feuilleta sans vraiment y prêter attention. De toutes les mains qui avaient tenu cette revue, les siennes étaient les seules dont le vernis était abîmé. Le lendemain, les premières clientes arriveraient à neuf heures, Guida aurait tout juste le temps de passer un coup de balai, de préparer à manger et de nettoyer la salle de bains. Jeter la poubelle pleine à ras bord de cheveux et de coton imbibé de vernis à ongles et d'acétone, remettre de l'ordre dans la pile de revues, faire un câlin à Chico et parvenir à voler quelques heures de sommeil, qui passaient aussi vite qu'un clin d'œil. Elle se sentait exténuée, mais tranquille.

Elle arrivait à entrer dans tous ses frais, et c'était tout ce qui importait. Elle se leva pour aller chercher les médicaments de Chico. Elle ouvrit l'armoire à pharmacie de la salle de bains, où se trouvait l'injection de Benzetacil qu'elle avait appris à faire à son fils, et qui était toujours aussi douloureuse, pour lui comme pour elle. La grosse aiguille par laquelle passait l'épais liquide valait à Chico une douleur aux fesses qui ne s'estompait qu'au bout de plusieurs jours. Parfois, le petit garçon n'arrivait pas à quitter son lit à cause de la douleur. Ses amis cessèrent de l'inviter à des parties de football sur le terrain à côté de l'église, parce qu'il avait constamment mal aux fesses : le risque de se prendre un ballon dans le derrière était trop grand. Guida posait une bouillotte remplie d'eau chaude, sans résultat. Elle posait une bouillotte remplie d'eau froide, encore moins de résultat. Elle massait, embrassait, et ça fonctionnait quand même un peu. Elle prit également les comprimés de corticoïdes et le flacon en verre de l'élixir pour le cœur.

En sortant de la salle de bains, elle se prit les pieds dans le tapis, et l'aiguille de la seringue se planta dans sa paume. Elle cria, et le reste des médicaments lui tomba des mains. Le flacon se brisa par terre, formant une flaque rouge sombre.

L'espace de deux secondes, Guida faillit appeler son fils pour qu'il vienne lécher à même le sol ce médicament destiné à lui sauver la vie, ainsi que celle de sa mère. Huit jours de travail s'étalaient à ses pieds. Huit jours à coiffer les cheveux d'autres femmes et à vernir des ongles qui n'étaient pas les siens. Huit jours à mentir à ses clientes – « que vous êtes belle, avec cette coupe », « que vos doigts sont longs, madame». Huit jours coincés dans les interstices d'un travail si intense que Guida en était venue à cesser un peu d'être Guida, pour devenir la petite roue d'un engrenage dont elle ignorait la fonction, elle savait simplement qu'il tournait, et pourvu qu'elle ait en échange un coin où dormir, un petit quelque chose à manger et la santé de Chico, on pouvait bien la traiter comme une petite roue, elle s'en moquait complètement.

Elle aurait pu rester assise là, sur la cuvette des toilettes, à se lamenter sur l'élixir renversé pendant une demi-heure ou une heure et demie, si elle n'avait pas eu d'autres priorités plus importantes. Chico devait prendre ses médicaments au plus tard le lendemain, sans faute. Le médecin avait été formel : un seul faux pas dans le suivi du traitement, et le petit garçon souffrirait de problèmes cardiaques chroniques, jusqu'à la fin de ses jours.

Elle retourna tout au fond de la pharmacie, sous le corps de seu João. Ses mois d'abstinence provoquèrent chez lui une véritable crise qui se manifesta par l'excès de bave dont il recouvrit Guida. Comme ivre et affamé à la fois, il salivait et léchait Guida en lui immobilisant les bras, sa puissante poigne lui signifiant : « Le médicament est à moi, et si tu veux qu'il t'appartienne, tu dois m'appartenir, et tout ce qui m'appartient se trouve sous mon corps, immobile entre mes mains. »

Guida regardait de côté, l'œil vitreux. Elle attendit qu'il eût fini, et ressortit de la pharmacie avec les médicaments. La dose de la quinzaine à venir était assurée.

Deux jours plus tard, elle frappait à la porte d'Eurídice.

Ce ne fut pas exactement ainsi que Guida raconta toute l'histoire à Eurídice. Assise les jambes croisées, avec toute l'attention de sa sœur, Guida avait senti son corps se détendre et avait retrouvé un peu d'estime de soi. Dans la version qu'elle lui soumit, Filomena était une institutrice retraitée. « Il faut vraiment avoir travaillé dans l'éducation pour comprendre les enfants à ce point, Eurídice ! » Seu João était un saint qui avait sauvé Chico en lui offrant les médicaments. « Je ne sais pas ce qui serait arrivé si cet homme ne m'avait pas fait ce cadeau ! » Les passages concernant Marcos, en revanche, Guida ne les édulcora pas et les agrémenta même de billevesées, coquecigrues et calembredaines au récit desquelles les yeux d'Eurídice s'écarquillaient comme deux gros calots.

« Eh oui, peu après notre mariage, Marcos m'a demandé à quoi servait une passoire. Il n'en avait jamais vu de sa vie, Eurídice ! Je lui ai répondu que ça servait à retirer la peau du lait, et il m'a dit que chez lui le lait arrivait toujours sans peau. Tu arrives à y croire, toi, un homme qui n'a jamais vu de passoire ? Marcos n'avait jamais épluché d'orange. J'en avais mis sur la table à la fin du déjeuner, et il a coupé la sienne en quartiers, pour la sucer comme un enfant. Et puis il ne pouvait dormir qu'avec une taie d'oreiller sur les yeux, il disait qu'il n'arrivait pas à s'habituer à la lumière du soleil qui filtrait au petit matin, parce que sa chambre de Botafogo avait des rideaux en velours qui ne laissaient passer aucun rayon jusqu'à midi. Une mauviette, Eurídice, une vraie mauviette. »

Les histoires de Guida soulagèrent quelque peu Eurídice. Elle ne pouvait s'empêcher de comparer Marcos à Antenor, qui, elle l'avait toujours su, était un bon mari. Au moins Antenor savait ce qu'était une passoire. Une passoire, c'était ce truc dont sa tante Dalva et sa femme Eurídice se servaient lorsqu'elles faisaient du jus d'orange, afin qu'il ne meure pas en s'étranglant avec la pulpe.

Dans la partie de l'histoire où dona Amira entrait en scène, Guida inventa encore un peu plus. La patronne la plus gentille qui soit. Quand Guida lui soumit sa démission, elle dut s'asseoir, foudroyée par la nouvelle, pour lui dire, une main sur la poitrine : « Mais Guida, tu es comme une fille à mes yeux ! »

« Tu aurais dû voir comme elle pleurait ! Mais je lui ai expliqué qu'il était temps pour moi de changer de vie, pour me dédier à l'éducation de Chico. »

Or c'était précisément parce qu'elle n'était pas une fille aux yeux de dona Amira que Guida se trouvait chez sa sœur. Elle posa sa tasse de café sur la table basse et resta ainsi, assise au bord du canapé.

« Enfin bon. Je crois qu'il est temps pour moi de renouer avec papa et maman, Eurídice. Je me suis dit qu'on pourrait aller chez eux toutes les deux. Peut-être que papa ne comprendra jamais pourquoi j'ai fugué, mais maman, je sais que maman me pardonnera, elle.»

Eurídice répondit les yeux baissés.

«Maman est morte l'année dernière.»

Guida porta la main à la poitrine, à la recherche du médaillon de Notre-Dame qui plus jamais ne pendrait à son cou.

Personne ne sait au juste ce qui emporta dona Ana. C'était une maladie qui s'était développée presque imperceptiblement. Dona Ana était chaque jour plus courbée, plus fragile que la veille. Voyez un peu: elle laissait même des morceaux de morue dans son assiette, alors qu'avant elle terminait tous ses repas en récurant ses plats avec un bout de pain. Quand elle n'était pas à la caisse de l'épicerie, toute triste, dona Ana faisait le ménage chez elle, toute triste, ou cuisinait toute triste, ou se contentait de n'être que toute triste, en regardant des photos de Guida.

De temps en temps, elle allait voir un médecin, jamais le même. C'est de l'anémie, une carence en vitamines, c'est une carence en calcium, une carence en sels minéraux, disaient-ils. Comme il s'agissait d'un manque de Guida, et que ce type de carence ne figurait dans aucun livre, dona Ana rentrait chez elle avec une prescription de Fosfosol et des promesses d'une amélioration de son état. Vous avez besoin d'un tonique pour les nerfs, ou pour le cœur, ou pour les muscles, disaient-ils. Comme il n'existait pas de tonique pour oublier que sa fille avait quitté le foyer, dona Ana continuait à décliner, laissant des bouts de morue dans son assiette et jetant des coups d'œil au coin de la rue, guettant le seul antidote capable de lui redonner la santé.

Un jour, elle ouvrit les yeux et jugea qu'il était inutile de quitter son lit. Elle se tourna d'un côté, se tourna de l'autre, et fit un petit somme. Le lendemain, elle ouvrit les yeux et jugea qu'il n'était même pas nécessaire de se tourner d'un côté et de l'autre. Le troisième jour, elle n'ouvrit même pas les yeux.

La mort de dona Ana fit basculer seu Manuel dans une folie légère. En bon Portugais, il y céda seul, avec pour toute compagnie celle du mur de sa chambre, contre lequel il se frappa la tête de désespoir, les sept premières nuits sans sa femme. Il aurait voulu avoir des cheveux à s'arracher, mais il ne lui restait plus que quelques poils follets derrière les oreilles, plaqués sur le dessus de son crâne pour cacher sa calvitie. Ce tout petit peu de cheveux lui était si précieux qu'il préféra les laisser en paix. Il sentait peser sur sa poitrine le même poids que sentit Guida lorsqu'elle apprit le décès de sa mère. Le poids de remords dont il n'était pas vraiment responsable, et qui reposaient sur son éducation à la dure, selon laquelle l'honneur était la chose la plus importante au monde. C'était cette croyance qui avait poussé seu Manuel à renier sa fille, parce que mieux valait avoir une fille loin de soi et une femme mourant à petit feu, qu'une fille prodigue qui aurait chaque jour rappelé à son père la honte qu'il éprouvait.

Quand Antenor rentra chez lui ce jour-là, il eut l'impression d'arriver au beau milieu d'une scène de *radionovela*. Une femme, la plus belle qu'il ait jamais vue, et ce malgré les grimaces qui déformaient son visage, se débattait sur le canapé, consolée par Eurídice, tandis que Das Dores attendait debout, portant un verre d'eau sucrée sur un plateau d'argent. Cecília et Afonso venaient de rentrer de l'école et eux aussi contemplaient la scène, parce que des drames pareils, c'est le genre de choses à ne pas manquer en ce bas monde. Et puis n'oublions pas le petit garçon rondelet à la mine renfrognée, qui serrait sa mère dans ses bras et se balançait avec elle, au rythme de leur désespoir.

Antenor ne joua pas les coqs, parce que, pour la première fois depuis très longtemps, il releva de l'intérêt dans les yeux d'Eurídice. Et cela lui plut énormément de voir sa femme si alerte, si impliquée, même si c'était dans un deuxième rôle de scène dramatique, et même si cette scène se déroulait là, dans son salon, juste à côté de la commode-transistor, qui, Antenor voulait y croire, sortirait peut-être indemne de tout ce mélo.

Il considéra qu'il pourrait toujours embrasser le front de son épouse un peu plus tard, et se rendit directement dans leur chambre pour se changer et enfiler ses chaussons. Quand il repassa au salon, la femme s'était un peu calmée. Elle continuait à se balancer d'avant en arrière, mais elle sanglotait plus discrètement, serrant le petit garçon et Eurídice dans ses bras.

Quand Guida eut repris tout à fait ses esprits, sa sœur la présenta à Antenor. Des traits noirs partant de ses yeux lui striaient les joues, sans que cela paraisse tant soit peu la gêner. « Enchantée », dit Guida ; « enchanté », dit Antenor, et aucun autre mot ne fut échangé. Eurídice conduisit sa sœur et Chico jusqu'à la chambre d'amis, leur montra où se trouvait la salle de bains et leur dit que le dîner serait servi dans une demi-heure.

Lorsque les six chaises de la table à dîner d'Antenor et Eurídice furent occupées, tout paraissait tout à fait naturel. Il était tout à fait naturel d'accueillir ces visiteurs surprise, et il devint tout à fait naturel de les voir déambuler sous ce toit, d'abord pour quelques jours, puis pour quelques mois. La routine d'échanges quotidiens d'Eurídice et d'Antenor – le bonjour du matin, le café partagé, le coup de fil qu'il passait à sa femme après le déjeuner, le baiser sur le front à dix-sept heures trente, le dîner et le bonne nuit – prit un sens nouveau, très fort, et jamais explicite : *Ma sœur restera chez nous aussi longtemps qu'il le faudra. Elle ne partira que quand elle s'y sentira prête, et cela peut arriver aussi bien dans un mois que dans un an, ou Dieu sait quand.*

Antenor y consentit. Ça faisait du bien de voir Eurídice heureuse, de la voir sourire et couvrir Cecília et Afonso de baisers. D'entendre les rires de sa femme emplir la maison tout entière. Il ignorait jusqu'ici qu'elle était capable de rire ainsi, en cascade. La présence de Guida lui plut également. La sœur d'Eurídice apporta à l'intérieur des Gusmão Campelo sa touche personnelle.

Des bouquets apparurent dans les vases de cristal, des napperons brodés apparurent sur les tables, et comme ils étaient beaux, ces coussins sortis de nulle part, et qui embellissaient tellement le canapé. Chico quant à lui restait sur son quant-à-soi, sans jamais rien dire. Il vivait dans son petit monde à lui, qui se résumait en grande partie au collège Pedro-II, où il était entré en début d'année. C'était le meilleur élève du meilleur établissement scolaire de Rio, mais il semblait s'en moquer. Il ne s'intéressait qu'aux livres, ce qui n'était pas sans gêner Cecília. Comment est-ce qu'un garçon aussi insignifiant pouvait ignorer la fille qui avait remporté le premier prix de poésie du collège Batista, plébiscitée à la quasi-unanimité par les trois classes de cinquième ? (Le deuxième prix avait réuni huit votes, achetés selon Cecília par une distribution de petits pains au fromage à l'heure de la récréation.)

De temps à autre, Chico sortait la tête de ses livres pour jouer au football de table avec Afonso, ce que Cecília considérait comme une véritable honte. Elle n'avait que mépris pour ces boutons qui figuraient des footballeurs : à ses yeux, les seuls boutons à mériter son attention étaient ceux dont étaient parées ses robes. Mis à part cette légère tension, l'addition de Guida et Chico au reste de la famille se fit de la façon la plus naturelle. On aurait dit que ces invités étaient attendus depuis longtemps, comme s'il ne manquait plus qu'eux pour que la famille Gusmão Campelo soit au grand complet.

Pareillement, il semblait qu'il ne manquait plus qu'eux pour relancer les on-dit au sujet de ce foyer. Zélia passa des journées entières, jambes et bras croisés, renfermée sur elle-même, ne remuant que le pied, à se demander ce qui pouvait se passer de si amusant de l'autre côté de ce mur pour qu'Eurídice rie autant. Des éclats de rire indécents, se disait-elle, l'indécence se définissant comme tout ce qui allait à l'encontre de la morale et des bons us, et à cette époque il n'était pas dans les bons us de se montrer aussi heureux. Et puis qui étaient cette femme si, si, si... exotique, et ce petit garçon si, si, si... petit ? C'était la sœur d'Eurídice et son fils, ainsi que le découvrit Zélia grâce à ses indiscrétions d'ornithorynque, et apparemment son mari avait succombé après une longue bataille contre le cancer, ainsi que Guida se fit un point d'honneur à lui raconter dans les détails. « Nous sommes allés à Cleveland afin qu'il s'y fasse soigner, nous avons loué une maison de style Tudor où nous avons passé l'hiver sous la neige. Nous buvions du chocolat chaud comme si c'était de l'eau, Nicanor m'a acheté un manteau de vison et Chico a appris à faire du patin à glace. Mais vous savez, chère voisine, quand Dieu appelle, personne ne peut faire semblant de ne pas avoir entendu, et Dieu a fini par appeler mon tendre Nicanor, cet homme si bon, ce diplomate hors pair, fidèle serviteur de notre Brésil bien-aimé... Vous savez ce qu'on dit, dona Zélia. L'au-delà finit toujours par être plus intéressant que l'ici-bas. »

À ces mots le cœur de Zélia se serra de colère. Il

se serra à l'en étrangler de rage, parce qu'elle avait beau chercher la petite bête dans la vie de Guida, elle n'en trouvait pas. Mais elle savait qu'il y avait un loup, et un gros.

10

J'aurais dû faire ça il y a bien longtemps, il y a bien, bien longtemps, se dit à plusieurs reprises Guida durant ces mois si précieux, riches des éclats de rire qu'elle échangeait avec sa sœur. Elles riaient pour un tout et pour un rien. Elles allaient à la mercerie ensemble, discutaient des destins des personnages de *telenovelas* et passaient des après-midi entiers à faire du lèche-vitrines sur la place Saez Peña. Les rires ne cessaient que lorsque Eurídice tentait de convaincre Guida de revoir leur père. La sœur aînée affichait alors une de ces expressions d'actrices télé, lorsqu'elles veulent faire entendre que les épreuves de la vie ne sauraient faire plier la résolution de leur personnage.

« Plus jamais je ne mettrai les pieds à Santa Teresa. Plus jamais. »

Toutes deux observaient alors un silence, jusqu'à oublier d'avoir l'air triste, et se remettaient à passer du bon temps ensemble. Eurídice et Guida se sentaient plus jeunes qu'Afonso, Cecília et Chico, tous trois lancés dans cette fastidieuse traversée qu'on appelle « l'adolescence ». Après Cecília, ce fut au tour d'Afonso et de Chico de découvrir les pouvoirs de leurs hormones, et dans leur cas à eux, cette chose qui parfois grossissait douloureusement entre leurs jambes. Ces gonflements intempestifs requéraient un soulagement immédiat, que Chico apprit à se procurer dans la salle de bains, et qu'Afonso apprit à se procurer dans Das Dores.

« Mon Dieu, et si ton père l'apprenait », disait Das Dores alors qu'Afonso remontait son pantalon.

« Il en saura rien. Et s'il le découvre, tu perds ton boulot. »

Das Dores entendait, et Das Dores se taisait. Ses trois enfants avaient encore besoin d'elle, et force était de croire que l'un d'eux ne deviendrait pas un voyou comme son père, parce qu'il adorait tous ces trucs qu'on appelle les études. Et si ne serait ce qu'un fils s'en sortait bien, alors elle pourrait mourir en paix, et c'était à présent l'une des rares choses qu'elle désirait. Elle s'était déjà renseignée sur les prix des cercueils. Elle en avait choisi un en bois clair avec des poignées dorées. Elle avait déjà commencé les versements au cimetière de Caju : la fosse commune, très peu pour elle. La vie ne lui avait pas souri, mais elle se donnerait les moyens d'être mieux traitée dans la mort. À ses yeux, une jupe relevée une fois de plus ou une fois de moins, ça ne faisait pas une grande différence. Quel mal y avait-il à soulager les tiraillements du jeune garçon ? La première fois de Das Dores ne s'était pas très bien passée parce que, à treize ans, elle n'y connaissait pas grand-chose, et en outre elle avait voulu se débattre, ce qui lui avait valu de rentrer chez elle partiellement couverte de sang, et pas qu'à cause de sa virginité perdue.

Mais laissons de côté Das Dores, et retournons à Guida, qui se remettait de plus d'une décennie de mauvais coups du sort à une vitesse extraordinaire. Malgré les caresses malhabiles de Marcos, malgré les longs mois de grossesse solitaire, malgré les années passées à s'occuper des enfants des autres, malgré ces nuits si longues à entendre les gémissements de Filomena, malgré les journées pleines de poussière au fond de la petite mercerie et les journées pleines d'acétone dans son salon, malgré tous les fluides déversés contre son gré entre ses jambes, Guida demeurait, à sa manière, un vrai culbuto. Quand un coup dur la frappait, elle se redressait toujours. Et elle se redressait avec plus de force, plus de sourires, et une foi plus grande encore en un avenir radieux.

Ce fut cette Guida radieuse que connut seu Antônio, ce patron de papeterie tombé éperdument amoureux d'Eurídice. C'est vrai, elle était belle. Mais elle était aussi bien plus que ça. Guida était en partie Eurídice, parce que toutes deux relevaient la tête quand ce qu'elles entendaient leur plaisait, et avaient le même sourire lors des au revoir. Elles étaient différentes par bien d'autres aspects, mais seu Antônio ne demandait pas plus. Il n'avait besoin que d'un moyen de passer plus de temps auprès d'Eurídice, ou auprès de quelqu'un qui était en partie Eurídice.

Les premiers bonjours adressés par seu Antônio à Guida s'accompagnèrent de bégaiements, et d'un irrépressible besoin de se gratter le cou. Guida trouva tout cela charmant. Auprès de sa sœur, elle se sentait en sécurité, et puis après tout, pourquoi ne pas accueillir avec bienveillance les bonnes intentions de ce monsieur, avec sa petite moustache et sa chemise boutonnée jusqu'en haut, qui ne s'adressait à elle qu'en lui donnant du « dona Guida », et en exprimant dans ces deux mots bien plus de respect que dans tous les autres « dona Guida » auxquels elle avait eu droit jusqu'alors ?

Accepter de se faire courtiser par seu Antônio, c'était un peu comme de se promener une petite radio à piles collée à l'oreille, et d'écouter les plus grands succès musicaux de la radio nationale. Il faisait de la poésie avec de la prose, et tout ce qu'il disait semblait sortir de la bouche d'un auteur-compositeur. *C'est quelqu'un comme toi, exactement comme toi, qu'il me fallait rencontrer./ Tu es la Voie lactée, tu es la mère souveraine./ Tu es tout ce qu'il y a de beau, dans toute sa splendeur*[1].

Guida restait là, face à son admirateur, à boire chacune de ses paroles. Pendant tant d'années, elle était restée sourde aux compliments masculins : c'était si agréable d'y prêter à nouveau l'oreille.

Après quelque temps à s'entendre dire qu'elle était un « camélia immaculé », une « nymphe enchanteresse » et une « sublime muse », Guida

1. *Alguém como tu, assim como tu, eu preciso encontrar./ És láctea estrela, és mãe da realeza./És tudo enfim que tem de belo em todo resplendor* : pot-pourri des paroles des chansons brésiliennes *Alguém como tu* (Dick Farney) et *Rosa* (paroles : Otávio de Souza, musique : Pixinguinho).

décida d'ouvrir son «cœur de rose» et sa «bouche douce comme le nectar» pour ajouter de nouveaux mots au florilège, tels que vie à deux, engagement, projets d'avenir. Elle n'avait qu'à regarder seu Antônio droit dans les yeux pour y contempler son futur. Tous les deux, installés dans son appartement de célibataire endurci, seu Antônio incarnant la figure paternelle qui manquait tant à Chico. Guida repassant devant la télévision, des napperons en crochet sous les bibelots de la bibliothèque, et jamais, jamais plus de soupe de pois chiches pour le dîner. Ce qu'elle éprouvait pour Antônio n'était pas tout à fait de l'amour. C'était de l'affection, qui au cours de ces mois de flirt avait été promue au statut d'amour, afin de justifier ses rêves de repassage devant la télévision et de décoration de la chambre de Chico dans des tons bleus. Et c'était justement de Chico qu'elle voulait parler ce samedi après-midi au café Colombo, après qu'ils eurent commandé leurs feuilletés et leur jus de groseille.

«Seu Antônio, je comprends bien que vous avez pour moi l'estime la plus profonde. Et que ce serait pour vous un don du ciel que de m'avoir comme compagne. Mais, je ne vous apprends rien, j'ai un fils. Et jamais je ne m'en séparerai.

Seu Antônio resta silencieux pendant quelques secondes. Il tira son mouchoir de sa poche, essuya la sueur qui perlait à son front et se mit à gratter les petits points rouges qui venaient d'apparaître sur son cou.

«Dona Guida, je comprends bien que vous avez pour moi l'estime la plus profonde. Mais, je ne vous apprends rien, j'ai une mère. Et de moi, jamais elle ne se séparera. »

Et Guida, jusqu'alors penchée en avant, s'adossa à sa chaise.

Dona Eulália avait quatre fils, dont Antônio était le cadet. Son père avait été à la tête d'une des premières brasseries brésiliennes, la brasserie Tupã. Au début, il confectionnait sa bière à la maison, au son des reproches de sa femme, Hortência, qui quand elle n'avait pas la nausée parce qu'elle était enceinte, avait la nausée parce qu'elle s'occupait des bébés, et qu'elle ne supportait pas cette odeur de moisissure et de fermentation. « Ça va marcher, femme, ça va marcher », disait-il en remplissant ses fûts et en recevant de l'imprimerie les étiquettes à l'effigie d'un Indien souriant. Luiz était un Brésilien visionnaire, capable de voir dans ces voitures à bras qui acheminaient son produit jusqu'au Centre le signe irréfutable de sa fortune imminente. « Ça va marcher », répétait-il, même lorsque ses bouteilles étaient renvoyées par les tavernes de l'avenue Rio Branco, plus intéressées par du vin portugais, ou par les bars de l'avenue Carioca, plus intéressés par de la bière allemande.

C'est plus ou moins à la même époque que l'âme de cette ville vit véritablement le jour : quiconque habitait à Rio cessa d'être immigré portugais, turc de naissance, brésilien de souche, chinois expatrié, mulâtre, quarteron ou métis d'Indien, pour n'être plus que carioca. Et quiconque prenait conscience de son identité carioca éprouvait aussitôt le désir d'avoir entre les mains un verre de bière bien glacée.

« Un bock de Tupã pour moi », commença-t-on à demander à tous les patrons de petits bars dès que le soleil commençait à décliner. Ces premiers Cariocas inventèrent ainsi la tradition de la petite bière de fin de journée, et firent de seu Luiz le premier millionnaire de la Première République.

La brasserie fut transférée de la cuisine à de tout nouveaux locaux, dans le quartier de São Cristóvão. La cuisine de la famille fut elle-même transférée, de cette rue sans pavés du quartier de Santo Cristo, à une propriété du quartier de Laranjeiras. À présent un poulet rôti n'avait plus à survivre à trois repas consécutifs pour voir ses os complètement nettoyés, mais tout juste à une moitié de repas. Seu Luiz y gagna une panse rebondie, assortie à une montre en or qu'il tirait de son gousset moins pour la consulter que pour l'exhiber. Ses trois filles y gagnèrent une gouvernante allemande qu'il aimait également exhiber, en l'envoyant parfois à la boulangerie du coin de la rue afin qu'elle y achète *quatrre pétits pains, s'il fous plaît*, avant de prendre congé d'un *merci, bonne chourrnée.*

Eulália naquit dans la petite maison de Santo Cristo, mais ne commença à découvrir le monde que dans la propriété de Laranjeiras. Ses souvenirs les plus anciens évoquaient le long couloir qui reliait les huit chambres au salon principal, les cuisses des cuisinières noires qui travaillaient toute la journée debout, et le gazon bordé de fleurs écloses, quelle que soit la saison.

Quand elle se réveillait, ce n'était pas sa mère qu'elle voyait à travers le ciel de lit en tulle, mais sa nourrice, qui lui donnait le bain, l'habillait, la coiffait et la faisait manger. Hortência avait des choses bien plus importantes à faire que de s'occuper de ses filles. Elle devait apprendre à être riche. La vie était si simple du temps de la bière artisanale : quand cette montagne d'argent leur était tombée dessus, elle n'avait plus su comment s'y prendre. Elle se rendait dans la rue do Ouvidor dans sa toute nouvelle voiture, observait les toilettes des élégantes et entrait dans les boutiques françaises où elle faisait pleine provision de chapeaux, ombrelles et éventails. Son plus gros problème consistait à assortir accessoires et robes faites sur mesure. Durant ces premières années de fortune, elle commit plusieurs excès. Elle assistait à la messe dans des corsets brodés de fil d'or et des jupes de dentelles. Ses chapeaux faisaient figure d'échantillons de la forêt amazonienne, à force de plumes, de fleurs et de fruits. Hortência était à la fois ignorée par les femmes, et principal objet de leurs murmures.

Les mercredis soir, elle entendait des bruits de fête qui provenaient d'une autre propriété du quartier. C'était Heitor Cordeiro qui tenait salon, ouvrant ses portes à toute l'élite carioca. Hortência et Luiz ne furent jamais invités, alors qu'en plus ils habitaient tout près ! Après tout, la République vivait là ses toutes premières années, les castes de la monarchie avaient été remplacées par la méritocratie bourgeoise, alors pourquoi donc cet Heitor Cordeiro, ou cette Bebé Silveira, ou ce Raul Régis, qui tenaient les salons les plus réputés de tout Rio, ne considéraient-ils pas la fortune toute neuve d'Hortência et de Luiz comme un objet de considération et de respect, et ne les invitaient-ils pas à boire quelques verres et à en réciter d'autres ?

Une sacrée bande de snobs, oui. Ce qu'Hortência devait faire, c'était devenir aussi snob qu'eux. Elle serra un peu plus son corset, et enrichit encore la faune et la flore de ses chapeaux. Conformément aux ordres de sa femme, Luiz ne pouvait à présent plus sortir de chez lui qu'en redingote et haut-de-forme, gilet de soie importée et lavallière. Leurs filles étaient constamment vêtues de vêtements de lin taillés au plus juste, et chaussées de bottines brillantes qui leur blessaient les pieds.

La grande maison se transforma également. Elle perdit ses airs de résidence à la campagne pour devenir un véritable château, avec tours gothiques et portes mauresques. Le jardin eut sa fontaine, et la fontaine son cupidon. Hortência acheta deux lions en céramique pour garder l'entrée de la propriété, et installa sous le porche des statues d'Apollon et de Jupiter. Elle acheta des bergères en soie, des chaises tapissées, des tables aux incrustations de bronze et des livres pour décorer la bibliothèque. Elle acheta tant et tant de bibelots qu'il fallut faire l'acquisition d'autres tables et d'autres vaisseliers pour tous les exposer. Et comme elle disposait de tables et de vaisseliers, Hortência acheta de nouveaux bibelots, qui entraînèrent l'achat d'autres tables et vaisseliers. Et ainsi de suite.

Au bout de quelques années, le château des brasseurs Tupã devint l'un des lieux les plus extravagants de Rio de Janeiro. Il n'existait pas une dame de la haute société carioca qui eût refusé d'y aventurer ses petits pieds chaussés de petits brodequins. Hortência n'eut qu'à faire envoyer ses invitations et ouvrir les portes de ses nombreux salons pour initier ce qu'on appela le Grand Bal Tupiniquim.

Dès qu'ils tournèrent à l'angle de la rue, les convives purent sentir le parfum des jasmins qui recouvraient les murs du grand salon. Ils dépassèrent les deux lions en céramique pour se voir accueillis par un noir albinos déguisé en bouffon médiéval. Ils retrouvèrent dans le jardin le manège qui le matin même avait disparu d'une place de la ville. Deux clowns, un avaleur de sabres et un homme-canon enchaînaient les numéros, sans interruption. Dans le salon se trouvait un étang de bière Tupã sur lequel glissait un cygne importé de Petrópolis. Il y avait même un Indien, mais il ne présenta aucun tour. On le considéra fort indolent de n'avoir pas appris assez vite à jongler.

Cailles, perdrix et pigeons, foie gras et sorbets, jambons aux clous de girofle, bavettes d'aloyau et filets de merlan, marrons glacés et bonbons à la liqueur étaient servis par vingt-cinq domestiques coiffés de perruques blanches, à la mode du début du XIXe siècle. La seule boisson servie était la bière brassée par Luiz: Hortência et lui étaient devenus des gens importants, et si cela restait en travers de la gorge de certains, il s'agissait de faire passer le morceau avec autant de rasades de Tupã qu'il faudrait.

Malgré toutes ces années de vie modeste, Hortência avait de quoi plaire à la haute société : un peu d'imagination et beaucoup de mauvais goût. Dès le lendemain de la fête, elle commença à recevoir des invitations pour les salons les plus huppés de la ville. Après quelques ajustements reposant sur les disponibilités de ses nouveaux amis, il fut décidé qu'elle aussi tiendrait salon chez elle, tous les lundis soir.

Ernesto Nazareth passait pour composer et s'exercer au piano. Il ne relevait les yeux du clavier que pour boire une bière, et une dernière pour la route, et cinq autres encore. Olavo Bilac récitait ses poèmes, honteux, et vendit à Hortência dix exemplaires de son premier recueil, qu'elle ne lut pas, n'aima pas, et dont elle se servit pour couvrir le fond de la cage de ses cacatoès. Angelo Agostini s'asseyait dans un coin du salon et réalisait des caricatures des convives, tandis qu'Hortência, déguisée en odalisque, offrait à ses invités un narguilé tout juste arrivé du Maroc, avec un mélange de tabac à la pomme et de cannabis recommandé par un ami. Machado de Assis en personne se présenta même une fois, en culotte longue, pour se plaindre du bruit.

Eulália grandit en croyant que le luxe était un droit. Il était normal d'avoir des dizaines d'habits, même si la plupart ne lui allaient plus après quelques mois seulement. Il était normal de se faire lacer ses chaussures par sa nourrice, normal de donner à son fox-terrier des bouts de blanc de poulet auquel la domesticité n'avait pas droit. Si les pauvres existaient, c'était uniquement pour qu'elle puisse porter une nouvelle paire de gants et leur faire l'aumône à la fin de la messe sans se salir les mains. Si l'école existait, c'était uniquement pour qu'elle apprenne à parler français, et qu'elle sache demander un *croissant* à la *boulangerie*, durant leurs vacances parisiennes. Et si sa mère tenait salon, c'était uniquement pour qu'Eulália trouve un prétendant aussi distingué qu'elle, qu'elle l'épouse et donne naissance à quatre enfants, qui seraient élevés par une nourrice, car elle aurait des choses bien plus importantes à faire que de s'occuper d'eux, par exemple de continuer à être riche.

C'était délicieux, et intense, et éternel. Mais ça ne dura pas.

Seu Luiz, déjà sexagénaire, en vint à avoir des problèmes de mobilité. Il avait beau être à la tête de la plus grande brasserie de Rio, il n'avait pas oublié les années de pénurie, et il s'en souvenait plus vivement encore face à une bonne bavette. Il dégustait sa viande en salivant de plaisir, et l'accompagnait de pommes paille tout juste sorties de l'huile bouillante. Très vite, il ne fut plus en mesure de voir ses pieds, ce qui ne l'empêcha pas d'exhiber fièrement sa silhouette, antithèse des années de frugalité forcée.

Il était écrit que les bavettes-frites entraîneraient sa fin, mais pas en obstruant ses artères. Un après-midi, sortant de la brasserie, il traversa la rue mais estima mal le temps qu'il lui faudrait pour atteindre le trottoir d'en face. Dans un sens arrivait un tramway, dans l'autre sens un autre tramway, seu Luiz rentra le ventre autant qu'il put, mais fut écrasé entre les deux rames. Ses tripes prisonnières de sa panse furent libérées si brutalement que les jambes de certains usagers en furent recouvertes. On laissa le cercueil fermé pendant la cérémonie mortuaire, car sa cervelle avait éclaboussé les bras d'autres passagers.

Hortência sombra dans le désespoir. Non seulement parce que Luiz était le meilleur Brésilien qu'elle ait jamais connu, mais parce qu'elle savait en outre que ses gendres provoqueraient la ruine de la brasserie en tout juste dix ans. Elle se trompait. La brasserie coula en moins de deux ans.

La propriété de Laranjeiras fut vendue afin de rembourser les dettes. Hortência emménagea dans une maison de rapport, avec un lit une place, un coffre rempli de vêtements dorés et une boîte en nacre qui contenait l'argent issu de la vente des verreries, cristaux et bibelots. Elle occupait la dernière chambre du dernier étage, et n'en sortait que pour se nourrir, aller aux toilettes ou prendre le soleil dehors, à côté du linge étendu, pendant une heure tous les après-midi. Elle devint vite aux yeux des autres locataires la noble dame aux robes longues, qui racontait en souriant des histoires de bals merveilleux, qui comptaient parfois un noir albinos à perruque blanche et un cygne glissant sur un étang de bière. D'autres fois, c'était le noir albinos qui nageait dans la bière, et le cygne qui portait la perruque. C'était sur son piano qu'Ernesto Nazareth avait composé ses tangos brésiliens. Santos Dumont postillonnait en parlant, Olavo Bilac était un peu bègue, et Angelo Agostini n'était jamais parvenu à croquer parfaitement la forme de son nez. Personne ne croyait un mot de la bouche de cette pauvre femme, mais tous l'aimaient bien. Et lorsque Hortência perdit tout l'argent contenu dans sa boîte, s'y prenant trop tard pour échanger ses pièces de mille réis contre les cruzeiros qui firent leur apparition dans les années 1940, tous les locataires de la maison de rapport se cotisèrent pour payer son loyer, prolongeant la petite routine des bains de soleil et des histoires fantastiques jusqu'à sa mort, à l'âge de cent deux ans.

Par malheur, Eulália n'aborda pas la pauvreté avec le même naturel que sa mère. Elle ignorait jusqu'alors ce qu'était la pauvreté, et lorsqu'elle le sut, la chose ne lui plut pas du tout. Elle se vit dépouillée de tout, des chaussures italiennes jusqu'au mobilier en bois de jacarandá. La transition de la propriété de Laranjeiras à un appartement de deux pièces dans le quartier de Quintino fut un violent coup du sort. Un coup qui faucha net toute la douceur et toute l'indolence de sa personnalité. Les murs de ces deux pièces la rendaient claustrophobe, et dès leur emménagement elle se demanda comment une famille de six personnes pourrait tenir ici. Elle eut sa réponse au bout de quelques jours, durant lesquels rien d'extraordinaire n'était pourtant survenu. Sa famille tiendrait sous ce toit parce qu'il le fallait bien. La mauvaise humeur d'Eulália augmenta de jour en jour, et elle se mit à tyranniser tout son entourage.

Le mari d'Eulália, qui jusqu'ici s'appelait Onofre

Francisco de Pádua Cavalcanti de Albuquerque Lacerda, ne fut bientôt plus qu'*Onofre, espèce de bon à rien.* Il venait d'une famille qui croyait au caractère endémique de la richesse. La richesse était quelque chose qui leur appartenait de droit, et auquel ils avaient accès par un simple processus d'osmose : il suffisait de ne pas s'éloigner du pouvoir pour recevoir tous les avantages qui leur permettaient de demeurer riches, encore et toujours. Il échut à l'arrière-grand-père d'Onofre, le marquis d'Ouriçal, l'une des meilleures maisons de Rio, lorsqu'il débarqua au port en compagnie de la famille royale. Il échut à son grand-père un poste au service des douanes, où il reçut un salaire sans jamais avoir à travailler. Il échut à son père ce nom de famille si respecté, qu'il troqua contre son mariage avec la fille d'un marchand d'esclaves. Et il échut à Onofre les derniers vestiges de la gloire de ce nom, qu'il troqua contre son mariage avec la fille d'un patron de brasserie.

Lorsque l'investissement qu'il avait fait sur son propre avenir se fit déchiqueter entre deux tramways, Onofre ne sut que faire. En vérité, il n'avait jamais su quoi faire, mais à présent les conséquences de son aporie étaient plus graves. Il y avait six bouches à nourrir, et après de nombreux jours passés à n'entrevoir qu'une solution il n'eut d'autre choix que de se ressaisir. Il trouva un poste dans une agence immobilière, mais ses jours de travail étaient aussi rares que les années bissextiles. Les commissions qu'il encaissait étaient plus rares encore, et le peu d'argent qui entrait ne suffisait pas à couvrir toutes les dépenses. Afin de fuir ce monstre odieux qu'on appelle la réalité, Onofre se mit à boire. D'abord quelques petits verres de porto. Puis une cachaça artisanale, connue sous le nom de *xixi de anjo* (pipi d'ange), qui avait la faculté de ronger les estomacs et de dissoudre les foies.

Onofre le Bon à Rien mourut d'une cirrhose. Eulália, l'aigrie, retira ses fils de l'école et mit tout ce petit monde au travail. À la fin du mois, elle faisait main basse sur leurs salaires et, si elle était de bonne humeur, leur donnait de quoi s'acheter une cigarette – *une* cigarette. Elle découvrit qu'elle avait donné naissance à des garçons terriblement romantiques : à peine fêtaient-ils leurs dix-huit ans qu'ils lui annonçaient leur futur mariage avec leur amoureuse. Aucune de ces amoureuses ne trouva grâce aux yeux d'Eulália. Avant de quitter le domicile familial, le fils prodigue inscrivait sa nouvelle adresse dans le petit carnet, d'une écriture de médecin qu'aucun être doué de la vue n'aurait su déchiffrer.

Chaque année, il en partait un. Quand Eulália s'en avisa, il ne restait plus que le cadet, Antônio. Elle s'agrippa au jeune homme de ses bras tentaculaires, et fit de son appartement son royaume, et de son fils son serf. « Jamais tu ne m'abandonneras, jamais », décréta-t-elle.

C'est plus ou moins à cette époque qu'elle commença à avoir des problèmes de santé. C'étaient des palpitations, des fourmillements et des indispositions mystérieuses, même pour les médecins qui l'examinaient. Quand Eulália toussait, c'était la tuberculose ; des maux de tête : ça ne pouvait qu'être une tumeur. Des prémonitions annonçaient ces maladies : si elle s'endormait en pensant à des aigreurs d'estomac, les brûlures la réveillaient avant six heures du matin ; si elle se couchait en pensant à sa circulation sanguine, elle se réveillait les pieds trop enflés pour entrer dans ses chaussures. Ses grippes se transformaient en pneumonies ; ses boutons de chaleur étaient le signe avant-coureur du psoriasis ; et son cœur qui n'avait jamais battu pour personne résonna d'un souffle constant.

Les maladies d'Eulália s'intensifièrent durant l'adolescence de son fils, quand il devint le bras droit des propriétaires portugais de la papeterie Casa Cruz. Elles empirèrent encore quand le jeune homme quitta cet emploi pour fonder sa propre affaire à Tijuca, attirant à lui un cortège de jeunes filles parfumées qui n'avaient jamais un stylo qui marchât chez elles. L'état d'Eulália s'améliora durant la décennie qui suivit, lorsque la chevelure d'Antônio se mit à blanchir, et qu'il n'eut plus que sa collection de timbres comme seul centre d'intérêt.

C'était la génétique qui rendait Eulália malade. Pas son ADN à elle, mais l'ADN de son fils. Antônio était une armoire à glace d'1,80 m, avec une large et puissante poitrine et de beaux cheveux noirs qui lui tombaient sur les yeux et donnaient envie aux femmes de le recoiffer. Ses dents parfaites faisaient rougir les jeunes filles, qui se surprenaient à imaginer de nouvelles façons de se servir d'une bouche, qui n'avaient plus grand-chose à voir avec l'absorption des repas. L'une d'elles en vint même à perdre connaissance en pleine papeterie, en voyant les biceps d'Antônio tripler de volume sous sa chemise, alors qu'il soulevait un carton de cahiers lignés. Elle revint à elle quelques minutes plus tard, dans une position fort fâcheuse : Eulália à califourchon sur elle, lui fouettait les joues de petites claques et emplissait ses narines d'une haleine d'oignon.

11

Parmi les cent quatre-vingt-neuf femmes qui entrèrent dans la papeterie de seu Antônio à la recherche d'autre chose que des feuilles de buvard, seules deux parvinrent à avoir le dessus sur dona Eulália. La première s'appelait Isabelle Bouquier. Isabelle était la fille du plus grand libraire de Rio de Janeiro, le Français Jean Bouquier. Elle savait jouer du piano, parlait quatre langues, n'était pas laide et passait ses étés à Paris. Isabelle aurait pu avoir n'importe quel homme croisé dans la rue do Ouvidor ou sur le boulevard Saint-Germain. Et pour prouver qu'aucun homme ne pouvait lui résister, elle jeta son dévolu sur un homme qui n'avait jamais mis un pied ni dans cette rue carioca ni sur ce boulevard parisien. Elle vit Antônio pour la première fois un dimanche ennuyeux, alors qu'elle accompagnait sa famille à un concert de la fanfare dans le kiosque de la place Saez Peña. La tête du jeune homme dépassait de la foule. Une fois le concert achevé, la foule se dispersa, et Isabelle put jauger le reste de son anatomie. Complet en alpaga, souliers ordinaires, et une dame à son bras.

Les premières fois où Isabelle se rendit à la papeterie, elle dut affronter la bouche en cul-de-poule de dona Eulália, qui à cette époque ne quittait la caisse enregistreuse qu'une fois par jour, pour soulager ses besoins. Mais lorsque la mère d'Antônio se fut renseignée sur la famille de la jeune fille, le cul-de-poule se transforma en sourire, pour se retransformer aussitôt en cul-de-poule afin de prononcer les mots *Bonjour, comment allez-vous? À bientôt, à bientôt*[1] *!*

Jean Bouquier était un homme riche, autant parce qu'il savait vendre que parce qu'il savait ne pas acheter. De l'extérieur, sa maison était l'une des plus luxueuses de la rue Conde de Bonfim. À l'intérieur, c'était l'une des plus austères. Il examinait les timbres des lettres qu'il recevait, et ceux qui avaient échappé au tampon étaient décollés de l'enveloppe pour être réutilisés. Ses chaussures étaient l'objet d'une métamorphose constante et des plus particulières: dans les faits, cela faisait dix-huit ans que Jean portait les mêmes. Il faisait changer la semelle de temps à autre, et si la semelle était encore en bon état mais que le reste était abîmé, il transférait les semelles sur une nouvelle paire. Le café moulu, déjà passé une première fois, était réutilisé le lendemain, et le peu de fois où il mangeait au restaurant, il rendait des assiettes immaculées: sous aucun prétexte il n'aurait rendu des grains de riz qu'il allait de toute façon payer.

Son seul luxe était ses voyages à Paris, qu'il

1. En français dans le texte.

considérait du reste comme un investissement. Jean avait trois filles à marier, et leur présence sur deux continents augmentait les chances d'un bon mariage. En outre, le séjour à Paris était d'autant plus doux qu'il était gratuit. La famille s'installait chez le frère de Jean, Jacques Bouquier, lui-même libraire. Une faveur que, du reste, Jean n'eut jamais à lui retourner. « Non, mon cher frère, pour rien au monde tu ne souhaiterais exposer ta famille aux périls du Brésil. Rio est un lieu infâme, ses rues sont fétides et encaissées. Le peu de vent qui y souffle ne sert qu'à disséminer de mystérieuses maladies qui déciment les étrangers. Une horreur! Une véritable horreur! » disait-il.

Ce qui se passa entre Isabelle et Antônio ne fut pas à proprement parler une histoire d'amour. Ce fut une petite étincelle, qui ne survécut pas à ce jeudi pluvieux où Eulália demanda à la jeune fille de suivre Antônio dans le stock de la papeterie pour y chercher un bloc-notes. « Le soleil a un peu brûlé ceux qui se trouvent en vitrine, montre à Isabelle ceux que nous avons reçus la semaine dernière. Tinoco les a rangés sur l'étagère du fond », dit Eulália.

La petite ampoule de l'arrière-boutique ne cherchait même pas à éclairer la moitié de l'espace, et la rumeur de la pluie qui battait sur le toit contribuait à l'impression d'isolement. Alors qu'Antônio montrait à sa cliente la pile de bloc-notes, le bras d'Isabelle effleura le sien. Il l'effleura, et l'effleura encore, l'effleura encore et ne cessa de l'effleurer. Antônio sentit ses entrailles papillonner et une chaleur lui envahir le cou. Au bout de quelques secondes, la chaleur se transforma en une épouvantable démangeaison, de ces démangeaisons que les ongles ne peuvent soulager. Ce qu'Isabelle ressentit reste un mystère. Durant ce moment infini où leurs bras s'effleurèrent, la jeune fille ne cessa de regarder la pile de bloc-notes avec un très vif intérêt, comme si elle assistait à un concert de la fanfare sur la place Saez Peña, ou à un opéra au Theatro Municipal.

Antônio n'eut pas même le temps de se demander pourquoi ses entrailles s'étaient mises à papillonner de la sorte, ni pourquoi son cou l'avait démangé aussi fort. Et de son côté Isabelle n'eut même pas à entendre son père se plaindre de l'achat d'un bloc-notes, alors qu'ils rapportaient chaque jour de la boulangerie tant d'emballages en papier, parfaits pour prendre des notes.

Le lendemain de l'épisode des bras frôlés, Jean Bouquier souffrit d'une crise d'apoplexie, qui le condamna au fauteuil roulant. Comprenant qu'il lui faudrait absolument engager un gérant pour sa librairie, qu'il devrait mettre la main à la poche pour les visites médicales, les médicaments et l'infirmière à domicile, il fit ses comptes et en conclut qu'il ferait une meilleure affaire en mourant.

Veuve et enfants pleurèrent beaucoup pendant l'enterrement. De colère. Jean Bouquier légua sa fortune à son frère, et quelques grosses poignées de réis à son épouse. Elle ne pouvait à présent compter que sur elle-même pour prendre ses décisions. Et pour commencer, trancher en faveur d'un de ces deux choix : ou bien dilapider l'héritage et vivre cinq ans dans le luxe, profiter enfin de la vie comme elle n'avait jamais pu le faire, ou bien gérer son argent afin de vivre chichement jusqu'à la fin de ses jours, comme elle l'avait fait du vivant de son mari.

Quand Isabelle entra dans la papeterie, les yeux rougis, la nouvelle du décès et du testament de Jean Bouquier avait déjà fait le tour du quartier. Si dona Eulália avait la bouche en cul-de-poule, ce n'était plus pour parler français, et la jeune fille comprit vite qu'elle n'aurait plus jamais l'occasion de rechercher un bloc-notes dans le stock.

Le temps passa. Les griffures qu'Antônio se fit au cou finirent par cicatriser. Ses dents jaunirent, sa poitrine perdit en muscle et en volume. Plusieurs maisons de Tijuca furent démolies, laissant place à de petits immeubles de trois étages. Dona Eulália se détourna de la caisse enregistreuse, pour passer ses journées collée à la radio.

Un vendredi après-midi, Eulália passa à la papeterie en compagnie d'une jeune femme rousse. Celle-ci portait une robe de soie ivoire et de grosses perles aux oreilles.

« Antônio, regarde un peu qui est là ! Henriqueta ! »

Henriqueta était une cousine éloignée, du côté de son père. Si éloignée qu'elle appartenait au seul rameau de la famille qui n'avait pas fait faillite. Elle portait les cheveux courts, avait les yeux naturellement plissés et un sourire timide, le genre de sourires qui semblent demander la permission de s'élargir.

« Tu te souviens d'Henriqueta, *n'est-ce pas* ? Tu te souviens bien de cette maison du quartier de Glória, *n'est-ce pas* ? De ce pique-nique près de la route des Paineiras pour l'anniversaire de son frère, *n'est-ce pas* ? »

Antônio ne se souvenait pas de ce pique-nique. Mais il se souvenait d'un arbre de Noël dont le faîte touchait le plafond du salon, de son père qui hélait les domestiques chargés de servir le champagne, et d'une fille plus grande que lui, qui lui donnait des coups de pied dans les tibias avec des bottines orthopédiques.

Au fil des décennies qui avaient suivi, Henriqueta était parvenue à remettre ses pieds dans le droit chemin et y avait un peu gagné en charme. Charme qui par ailleurs aurait déjà dû se tarir, car à cette époque le charme n'appréciait pas vraiment la compagnie des femmes de plus de trente ans. Mais Henriqueta était l'une des rares de son temps qui s'obstinaient à ne pas vieillir, conservant une fraîcheur de teint plus qu'inhabituelle pour son âge avancé. Elle avait tout pour être heureuse, et vivait pourtant dans le désespoir. Elle se repentait d'avoir été trop regardante à une époque où les femmes ne devaient pas faire les difficiles. Elle avait passé sa jeunesse à repousser les prétendants qui ne lui plaisaient pas. L'un était trop grand, l'autre trop petit, un autre trop laid, un autre plus laid encore, et tous, tous autant qu'ils étaient, étaient d'un ennui absolu. Elle avait éconduit trop d'hommes, et dès ses deux ou trois premiers cheveux blancs c'était elle qu'on avait commencé à éconduire.

Face à la perspective de vivre le restant de ses jours comme ses tantes, des vieilles filles qui remplissaient leur existence de pâtisseries et de cancaneries, l'esprit d'indépendance d'Henriqueta s'effrita. Elle se mit en tête qu'elle se marierait, ou elle ne s'appelait pas Henriqueta de Pádua de Albuquerque Lacerda. Et précisément parce qu'elle s'appelait Henriqueta de Pádua de Albuquerque Lacerda, elle savait qu'il ne lui serait pas difficile de se trouver un mari. Elle avait à faire valoir le blason de sa famille, l'héritage qui sommeillait sur son compte en banque, et son désir absolu d'être heureuse. Sachant qu'elle tomberait amoureuse de celui qui se laisserait acheter par sa fortune, elle ne pouvait manquer de trouver chaussure à son pied.

Mais si passion il y eut, ce fut véritablement entre Eulália et Henriqueta. Il fallait croire que la cousine d'Antônio était à la recherche d'un refuge, car elle ne tarda pas à abandonner les nombreuses pièces de son hôtel particulier de Glória pour le petit salon de l'appartement d'Antônio. Du vestibule, avant de partir, celui-ci pouvait entendre les rires que mère et cousine échangeaient. De retour chez lui, il trouvait sur la table basse des tasses à café vides et les miettes d'un gâteau disparu.

Durant cette histoire d'amour entre Henriqueta et Eulália, de nombreux sujets du passé refirent surface. À commencer par Onofre, le Bon à Rien, pardonné pour ses péchés éthyliques, et élevé au rang de martyr de son propre destin. Ce n'était plus par faiblesse de caractère, mais à cause des innombrables adversités du sort que sa vie avait sombré dans les spiritueux. Les deux femmes passaient des heures à se trouver des points communs qui justifiaient ces longs après-midi de conversation. Mais leur seul point commun était celui qui ouvrait la porte à dix-huit heures quinze, qui souhaitait une bonne soirée sans relever la tête et se retirait en silence dans sa chambre.

« Antônio, mon fils chéri, viens t'asseoir un peu avec nous ! »

Il remerciait de cette attention, mais prétextait un empêchement. Il devait ajouter à sa collection plusieurs nouveaux timbres, tout juste arrivés d'outre-mer. Il ne sortait de sa chambre que lorsque le silence régnait au salon, pour entendre sa mère faire l'éloge d'Henriqueta durant tout le dîner. Elle avait voyagé dans le monde entier et avait une maison à Petrópolis. Elle avait étudié à Porto et avait une Ford 1934.

Le malaise d'Antônio ne faisait qu'augmenter. Il posait sa cuiller sur la table pour se soulager d'une démangeaison qui naissait à la taille, remontait le long de son torse, pour ne plus quitter son cou.

Antônio maigrit énormément durant ces semaines. Il prit l'habitude de cesser de manger en plein milieu du dîner pour arracher des lambeaux de peau de son cou. Dona Eulália levait les yeux au ciel, demandant à la Vierge de les aider, et baissait les yeux pour préparer le mélange de pommade Minancora et de maïzena qu'elle appliquait sur les plaies de son fils. Celui-ci supporta mal l'onguent, et elle remplaça la maïzena par de la poudre d'avoine. Puis elle remplaça la poudre d'avoine par du talc Granado, et le talc par de la farine de blé. La farine de blé par de la crème Rugol, la crème Rugol par du lait hydratant Leite de Rosas, et le Leite de Rosas par une émulsion de camphre à la farine de maïs.

Un jour de mars, Henriqueta était au salon en compagnie d'Eulália quand le ciel de Tijuca s'assombrit. Les pluies qu'on attendait depuis un mois allaient s'abattre en une heure à peine. Henriqueta se leva, affolée, et Eulália lui dit de se rasseoir. Allons bon, laisser la jeune fille s'en aller ainsi, au moment où les rues s'apprêtaient à charrier des torrents ! Henriqueta insista pour prendre congé, Eulália insista pour qu'elle n'en fît rien, et dès les premières minutes de ce j'y-vais-j'y-vais-pas, toutes deux savaient que l'invitée resterait.

« Ce soir, tu dînes avec nous. »

C'était l'occasion idéale de transformer leur histoire d'amour en triangle amoureux. Mais on n'alluma les chandelles qu'à cause de la rupture de courant. Ce ne fut un dîner en tête-à-tête que parce qu'Eulália prétexta une migraine. Et l'homme qui se trouvait à l'autre bout de la table n'y participa que parce qu'il y était obligé. Henriqueta comprit tout cela en un éclair, aussi fulgurant que la foudre qui zébrait le ciel. Elle se leva de table, s'approcha de son cousin abattu dont la main ne quittait pas le cou, et posa un baiser sur sa joue. Un baiser qui n'exacerba pas la nervosité d'Antônio. C'était comme si une sœur l'avait embrassé.

Le lendemain, les plaies d'Antônio commencèrent à cicatriser. Quelques semaines plus tard, Henriqueta embarqua pour New York, où elle prétendit vouloir passer une poignée de mois. Elle avait entendu dire que, dans cette ville, toutes les femmes d'une trentaine d'années vivaient comme si elles en avaient vingt. Elle ne revint plus jamais au Brésil.

Pendant les années qui suivirent, mère et fils menèrent une existence paisible. Eulália avec sa radio et ses cachets, Antônio avec ses papiers et Eurídice. Eurídice, qu'il suivait de loin et admirait de tout son cœur, et qui, il le savait sans en souffrir, ne serait jamais sienne.

Tout fut chamboulé cet hiver. Antônio se mit à balbutier ses mots doux à Guida, et Eulália se remit à souffrir. Sa tension baissa, sa glycémie augmenta, et comment pouvait-on vivre avec un intestin qui produisait des bruits aussi inhabituels ? Il ne lui restait que peu de jours à vivre.

« Profite du peu de temps qu'il me reste », disait-elle à Antônio, la tête sous la couverture.

Ce n'était qu'une demi-vérité, en ceci que personne n'a jamais vu le jour de son trépas apparaître sur le calendrier. Ou peut-être est-il plus juste de dire que ce n'était qu'un demi-mensonge. Il existait deux choses qu'Eulália n'avait jamais eu l'intention de faire. La première était de mourir. L'autre de laisser son fils se marier.

Mais Antônio, peut-être las des jérémiades

éternelles de sa mère, peut-être par besoin d'autre chose que ses timbres et ses papiers, cessa d'écouter Eulália de ses deux oreilles et de tout son cœur. Il lui prenait la température, relevait sa tension, lui faisait prendre ses médicaments et cuisinait pour elle du riz sans sel, sans assaisonnement, sans matière grasse et presque sans riz. Puis il se lavait les mains, se changeait et, tout pimpant, allait retrouver Guida.

Guida Gusmão. Qui était cette femme ? C'était la sœur d'Eurídice, qu'Eulália n'avait jamais portée dans son cœur, mais qui ne lui faisait ni chaud ni froid, parce que par définition les femmes casées ne représentaient ni un bon parti ni une menace. Eulália n'avait jamais vu cette sœur, mais elle bénéficiait des rapports précis de sa commère Zélia. Guida portait du vernis à ongles rouge et avait un fils adolescent. Elle se maquillait même pour aller au marché et ne mettait jamais les pieds à l'église. Elle marchait poitrine en avant, comme si sa poitrine était la plus impressionnante au monde, en plus d'être objectivement la plus généreuse de tout le quartier. Tout imbue d'elle-même, cette Guida, aussi imbue d'elle-même que sa sœur, mais d'une façon tout à fait différente. Eurídice était imbue d'elle-même parce qu'elle aimait vivre dans son petit monde à elle, et Guida l'était parce qu'elle aimait être la plus belle, dans ce petit monde à eux tous.

C'était là une adversaire à la hauteur de l'aigreur d'Eulália. Ah ça, si cette Guida croit qu'elle obtiendra de mon Antônio plus que de simples promenades main dans la main, elle se trompe lourdement, voilà ce que se disait Eulália, du matin au soir. Antônio ne m'abandonnera jamais, jamais il ne quittera cet appartement, se répétait-elle.

Le mantra d'Eulália ressemblait à s'y méprendre à un autre, proféré à quelques pâtés de maisons seulement. Guida avait déjà pris la mesure des projets de domination d'Eulália, mais elle était convaincue qu'Antônio finirait par être sien. Il m'appartiendra à moi, tout entier, disait-elle. Rien qu'à moi, répétait-elle.

Il ne se passa pas longtemps avant que les maladies d'Eulália empirent et que les charmes de Guida décuplent. Une nuit, peu après l'échange pragmatique au café Colombo, Guida et Antônio partageaient un dîner aux chandelles, une fondue à la Casa da Suíça, quand le serveur les interrompit.

« Monsieur Antônio Lacerda ?

— Lui-même.

— Madame votre mère au téléphone.

— Ma dernière heure a sonné, ma dernière heure a sonné ! disait Eulália à l'autre bout de la ligne. J'ai la poitrine secouée de spasmes, je ne sais même pas comment j'arrive encore à respirer. Il doit me rester quelques heures, quelques minutes à peine ! Viens me dire adieu et fais venir le curé pour qu'il me donne l'extrême-onction. »

Antônio grilla des feux rouges, surgit dans la sacristie pour tirer le prêtre de son lit, gravit les marches quatre à quatre et trouva sa mère en train de tricoter, assise sur le sofa.

« J'aurais pu mourir d'emphysème », dit-elle sans relever les yeux.

Tandis qu'Eulália prit l'habitude de mourir une fois par mois, Guida de son côté devenait de plus en plus jeune et de plus en plus belle. Ses robes semblaient ne plus pouvoir contenir son incroyable poitrine. Ses jambes s'allongèrent plus encore, et ses sourires prirent des proportions telles que parfois Antônio, perdu dans la contemplation de ses dents du bonheur, en venait jusqu'à oublier Eurídice. Ces instants d'amnésie se multiplièrent à mesure que Guida lui révélait le véritable sens de la vie qui, comme il le découvrit, était intrinsèquement lié au dégrafage d'un soutien-gorge.

Près de cette poitrine (et de ces jambes, et de ces fesses), Antônio oubliait Eurídice, oubliait sa mère, oubliait ses démangeaisons. Quand Guida prononça à nouveau des mots pragmatiques, tels qu'*engagement*, Antônio changea de sujet de conversation, et elle lui refusa l'accès aux parties de son anatomie dont il avait eu jusqu'ici la jouissance. Le pauvre homme en devint fou. Il oublia plus de choses encore, parmi lesquelles les terribles conséquences de la demande en mariage qu'il fit à Guida. Les mots sortirent de sa bouche comme un torrent, et aussitôt qu'il les eut prononcés, il se sentit aussi embarrassé que soulagé.

« Oui, oui, oui ! » répondit Guida, renversant le pauvre homme en le prenant dans ses bras.

Elle tenait enfin sa victoire.

Mais aussitôt après avoir dit *oui oui oui*, Guida fronça les sourcils. Elle était toujours mariée à Marcos, et pour convoler en justes noces il lui fallait avant tout officialiser leur séparation de corps et de biens.

Dans les années qui avaient suivi l'abandon, elle avait régulièrement fouillé dans ses souvenirs de leur vie commune, à la recherche de preuves tangibles que son mari l'avait quittée à cause d'un quelconque manquement. Elle n'en trouvait jamais, et aboutissait toujours à la même conclusion : en plus d'être une canaille, une crapule, une vermine et un sale type, Marcos était un être faible et sans caractère, et pour cette raison méritait le surnom de Mauviette.

Marcos Mauviette, elle l'avait bien compris, était incapable de mener seul sa propre vie. Il était retourné à Botafogo. *Il devait être derrière ces rideaux de velours quand je suis allée demander après lui*, pensait Guida. Et c'était vrai. Marcos se cachait bel et bien derrière ces rideaux quand le majordome lui avait dit qu'il n'avait jamais remis les pieds dans l'hôtel particulier de ses parents. Quand à l'arrêt du tramway elle s'était à moitié retournée, Marcos avait discrètement écarté les rideaux. Guida lui avait paru légèrement courbée, et pendant quelques secondes il avait songé à courir la retrouver. Les quelques secondes étaient passées, et Marcos était allé boire un café.

S'il était retourné à l'hôtel particulier de Botafogo, c'était à cette adresse que Guida devait adresser sa demande de séparation. Elle réfléchit longuement à ce qu'elle devait écrire, mais toutes les idées qui lui semblaient bonnes dans sa tête perdaient de leur sens aussitôt couchées sur papier. Elle décida donc de n'écrire que le strict nécessaire : « Je veux qu'on signe la convention de séparation. » C'était tout ce qu'elle était capable d'écrire, et cela résumait parfaitement ce qu'elle voulait dire.

Mais au moment où elle se saisit du stylo, Guida fut possédée par une clarté d'esprit inédite et noircit quatre feuilles entières, avec la célérité d'une médium psychographe. Elle mit tout noir sur blanc, les privations qu'elle avait endurées, la malhonnêteté de son mari, les années difficiles à Estácio. Elle ne demandait à Marcos rien d'autre que sa liberté. Et elle garda le fils qu'ils avaient engendré pour le bouquet final, en soulignant qu'elle l'avait élevée seule jusqu'ici, et qu'elle entendait qu'il en soit toujours ainsi. « Il s'appelle Francisco Gusmão. Il a tes yeux, et rien d'autre. »

La lettre de Guida arriva au bon moment. Marcos lui aussi cherchait à reprendre contact avec elle, pour les mêmes raisons. Il souhaitait officialiser sa relation avec une cousine au deuxième degré, du nom de Maria Ester.

Quelques semaines plus tard, Marcos et Guida se retrouvèrent afin de signer la convention face à un juge. En vérité, ce fut une non-rencontre. Marcos identifia la silhouette de son ex-femme et porta ensuite ses regards sur tout ce qui n'était pas Guida. Guida ne quitta le juge des yeux que pour signer les documents. Quand Marcos prit le stylo, celui-ci était encore chaud de la main de Guida. Sa signature en trembla un peu.

La séparation de corps et de biens prononcée, Marcos s'installa dans l'appartement de sa cousine. C'était un dernier étage à Copacabana, aux fenêtres barrées par des grilles Art nouveau qui lui donnaient l'impression d'être en prison. Peut-être fut-ce les hormones, peut-être fut-ce les nerfs, ou encore les nouvelles responsabilités de la vie de couple. Le fait est que Maria Ester changea considérablement suite à l'emménagement de Marcos. Elle se laissa pousser la moustache, laissa s'échapper d'énormes rots et passa son temps assise au milieu des coussins, tel un Bouddha, à donner des ordres à son employée de maison et à son compagnon. La seule consolation de Marcos était de savoir qu'il jouissait de liberté conditionnelle. Son père lui avait trouvé un poste au gouvernement, où jamais rien n'arrivait. Il passait ainsi son temps libre dans un bureau de la place de la République, les yeux rivés sur son carnet, à grossir au stylo les lignes d'un jeu de morpion. Il pensait parfois à ce fils qu'il ne verrait jamais, il calculait son âge, sans savoir si c'était pour s'imaginer son fils adolescent, ou pour prendre la mesure du temps passé loin de Guida.

Guida, de son côté, se devait de parler de Marcos à Antônio. Elle passa des journées à se tordre les mains et à faire les cent pas dans sa chambre, s'efforçant de trouver la meilleure façon de lui révéler la vérité, sans jamais trouver la moindre réponse sur ces murs qu'elle manquait de percuter de plein fouet toutes les deux secondes. Elle demanda conseil à Eurídice, qui mit fin à ses souffrances d'une simple phrase : « La meilleure façon de dire la vérité, c'est de dire la vérité. »

Ce jeudi matin, Guida accompagna Chico à l'école. Elle passa ensuite à la papeterie afin de parler à son amoureux. Croisant le regard terrorisé de la jeune femme, Antônio donna congé à Tinoco, son assistant, et ferma la boutique à clef, en accrochant le petit panneau *Je reviens de suite.*

Tous deux s'assirent au fond de l'arrière-boutique, et ce fut le regard rivé au sol, en se tordant toujours les mains, que Guida révéla la vérité à Antônio. Oui, elle avait fait preuve de folie et d'inconséquence dans sa jeunesse : elle avait fugué à un âge plus que tendre, pour épouser un homme qui s'était présenté comme un parti plus que solide. Mais ce parti plus que solide n'était en réalité qu'un odieux opportuniste, qui avait abandonné Guida alors enceinte, instillant un chaos et une ruine qui, partant du cœur de la jeune fille, s'étaient vite étendus aux conditions de vie de la jeune mère et de son fils chéri. Elle avait dû subvenir seule à leurs besoins, acceptant de travailler à la caisse d'une mercerie de Rio Comprido qui appartenait à une Turque du nom de dona Amira.

Guida finit par relever la tête pour regarder son prétendant droit dans les yeux.

« C'est pour cette raison, mon amour, que nous ne pouvons pas nous marier. Je me suis déjà mariée, et je ne peux me compromettre à nouveau. Je te promets d'être ta compagne aimante, pour le restant de tes jours. Mais nous ne pourrons jamais mettre les pieds à l'église, ou au bureau de l'état civil. »

À mesure que Guida parlait, l'expression d'Antônio se faisait plus douce. La femme qu'il aimait ne pourrait jamais l'épouser. Jamais leur union ne serait officialisée. Il n'aurait aucune paperasse à remplir, aucune promesse à faire en présence d'un juge. Jamais il n'aurait à souffrir les menaces implicites du sermon du prêtre, jamais il ne s'entendrait dire que ce que Dieu unit, rien ni personne ne peut le défaire, pour le restant de nos jours. Pour la première fois depuis des semaines, Antônio ne sentit plus la moindre démangeaison. Il serra les mains de Guida dans les siennes, et avec le sourire le plus épanoui qu'il lui eût jamais adressé, lui dit que oui, il acceptait de ne jamais l'épouser. Tous deux s'embrassèrent, et Guida ne se soucia même pas de se salir le visage avec l'emplâtre à la farine de maïs qu'Antônio avait au cou, et qui à présent n'avait plus la moindre utilité.

La même année, au mois de mai, Antônio et Guida firent savoir dans tout le quartier de Tijuca qu'ils allaient se marier. Ils iraient au Portugal pour leur voyage de noces, conformément aux vœux de la grand-mère de Guida. Il paraît que cette grand-mère était une femme très religieuse, qui en répétant les génuflexions des mois durant, jusqu'à en saigner, avait prié la Vierge de donner à sa petite-fille un deuxième mari, aussi bon et sincère que le premier. La prière exaucée, il s'imposait de consommer le mariage dans la ville de Fátima, ville chérie entre toutes par la grand-mère dévote.

Le voyage au Portugal connut toute une série de modifications, qu'Antônio et Guida ne divulguèrent pas. Ils remplacèrent l'Europe par la ville de Campos do Jordão, dans l'État de São Paolo, et la cérémonie religieuse par deux semaines à l'hôtel Vila Inglesa. Le peu de fois où ils quittèrent leur chambre, ce fut sans la moindre crainte de croiser une connaissance.

La version officielle ne convainquit pas tout le monde dans le quartier. Certaines femmes se dirent surprises de découvrir les pouvoirs de Notre-Dame de Fátima en matière matrimoniale, cette sainte étant jusque-là plus connue pour son implication dans des questions plus vastes relatives à l'humanité dans son ensemble, telles que la fin des guerres ou le jour du jugement dernier. D'autres avaient du mal à croire à un mariage sans invités : même la mère d'Antônio ne put y assister. Beaucoup furent indignées par la cruauté du jeune marié. Comment était-il possible qu'un homme de quarante-neuf ans abandonne sa mère durant tant de jours, la laissant aux bons soins de deux infirmières qui se relayaient pour qu'elle ne connaisse pas une seule seconde de solitude ?

Les questions abondèrent à l'époque, mais nul dans le quartier ne fut à même d'infirmer la version d'Antônio et Guida. Un point cependant faisait l'unanimité : l'énorme alliance qu'arborait Guida à l'annulaire gauche était bien en or massif.

12

Personne ne sait au juste comment cela arriva. La succession des faits s'est emmêlée dans le temps et l'espace, pour se diluer dans la mémoire de ceux qui y participèrent. Un témoin dira que les choses se sont passées comme ci, un autre comme ça, avec pour seul consensus possible le fait de reconnaître que, de fait, ce qui était arrivé était arrivé.

Et c'est précisément ce qui arriva durant ces années nébuleuses : Antenor, cette âme anglaise prisonnière d'un corps de métis indien, surmonta toutes les embûches de la petite politique hiérarchique de la Banque du Brésil. La table à laquelle il travaillait connut des transmutations imperceptibles à l'œil nu, mais considérables sur le long terme. Elle grossit graduellement, et s'établit dans des locaux plus spacieux, flanqués de grandes fenêtres.

Après des années d'un avancement lent mais constant, la table se fixa dans un bureau particulier, que le soleil matinal inondait par cinq fenêtres néoclassiques du siège de la Banque, rue Primeiro de Março. Un bureau plus petit, occupé par une secrétaire aux escarpins noirs, séparait Antenor des autres fonctionnaires.

La promotion d'Antenor au poste de vice-président de la Banque du Brésil n'avait en soi rien de surprenant. On avait l'impression qu'il était prédestiné à siéger dans le fauteuil de cuir du bureau aux tapis persans. Cela semblait relever de l'ordre naturel des choses. Il ne faisait que se laisser porter par la rivière de sa destinée, une rivière qui ne lui avait jamais opposé de courants contraires depuis l'âge auquel il avait appris ses tables de multiplication.

C'est plus ou moins à cette époque qu'Antenor troqua les dehors du luxe contre le luxe à proprement parler. Les plus belles chaussures étaient celles de Casa Aguiar, les transistors General Electrics étaient supérieurs aux transistors Emerson. La pommade Minancora guérissait tout, le Leite de Rosas ne servait à rien. Peu importait ce dont on pouvait parler en sa présence, Antenor finissait toujours par couper le laïus de son interlocuteur : « Ne m'interrompez pas, ne m'interrompez pas ! Les transistors General Electrics sont les meilleurs, un point c'est tout. » Afonso était un excellent élève, Antenor le savait pertinemment. Ce qui n'allait pas, c'étaient les notes de ses bulletins scolaires. Cecília était une jeune fille exemplaire, si elle était rentrée un soir avec du rouge à lèvres qui bavait, c'était à cause d'une de ses amies. Et Eurídice était une femme épanouie et libre de tout souci, grâce à lui, Antenor, qui avait fait en sorte que les étagères de leur garde-manger demeurent à tout jamais pleines à craquer. Ils avaient toujours joui du nécessaire comme du superflu, leur situation resterait à jamais stable, et pour ces raisons mêmes sa femme était heureuse.

Eurídice considérait son mari comme un cas désespéré. Puis elle laissait glisser son regard jusqu'à la bibliothèque du salon, juste en face d'elle. Sa mélancolie, qui s'était atténuée au contact de Guida, empira lorsqu'elle partit vivre avec seu Antônio. La maison fut de nouveau plongée dans le silence, les journées comptèrent à nouveau trop d'heures. Antenor avait son travail, Das Dores avait son nettoyage, ses enfants avaient toute leur vie devant eux. Et Eurídice, qu'avait-elle ?

Ces après-midi au salon, face à la bibliothèque. De temps en temps, Das Dores quittait la cuisine pour jeter un coup d'œil à sa patronne, droite dans ses chaussons, les bras reposant sur son ventre, une cuiller en bois à la main. Eurídice ne la remarquait même pas, ou faisait semblant de ne pas la remarquer. L'employée de maison retournait en cuisine, un peu triste, hochant négativement la tête. Quand Cecília et Afonso rentraient, Eurídice dissimulait sa mélancolie et laissait son regard glisser sur d'autres objets. Quand Antenor rentrait, elle dissimulait encore plus, pour ne pas donner satisfaction à son époux.

Peut-être était-ce dû à la simple constance de cette habitude. À la répétition du même rite, année après année, s'asseoir au même endroit, et faire face au vide sous la forme d'une bibliothèque. Ou peut-être cela arriva-t-il parce que cela devait arriver. Le fait est qu'en cette nouvelle période de regards perdus dans le vide, Eurídice se sentit progressivement changer. C'était une impression assez légère au début, presque comme un infime chatouillis. Et elle se rendit compte que cela n'arrivait que lorsqu'elle était assise au même endroit, les yeux rivés sur le même point.

Eurídice prit alors une nouvelle habitude, celle de s'asseoir à son poste moins pour scruter le rien que pour sentir arriver cette impression. Ce que cette dernière ne manquait jamais de faire, trouvant dans ce silence tout l'espace qu'il lui fallait pour croître. Et c'est ainsi que l'impression grandit, jusqu'à ce qu'Eurídice la voie pour ce qu'elle était, c'est-à-dire, précisément, cela : le fait de voir.

Eurídice *vit* la bibliothèque pour ce qu'elle était : une bibliothèque, pleine de livres.

Elle se leva et passa la main sur le dos des ouvrages. Dostoïevski, Tolstoï, Flaubert, Gilberto Freyre, Caio Prao Jr., Antonio Candido. Virginia Woolf et George Eliot, Simone de Beauvoir et Jane Austen. Machado et Lima Barreto, Hemingway et Steinbeck. Elle avait lu et oublié certains livres, d'autres, elle les avait achetés et avait oublié de les lire. D'autres avaient été rangés là par Antenor, qui achetait des livres comme on achète des ampoules : il était bon d'avoir les plus grands penseurs chez soi, au cas où on en aurait besoin un jour.

C'était une bibliothèque digne de ce nom. Elle se rassit sur le canapé en compagnie d'un livre et, pour la première fois depuis très longtemps, concentra toute son attention sur ces pages. Puis elle en prit un autre, et encore un autre, reliant un à un tous les points imaginaires qui faisaient de tous ces ouvrages un seul et même texte.

Cette fois, Eurídice mit une de ses jolies robes pour aller acheter dans le Centre une machine à écrire. De retour chez elle, elle se fit une place sur la table du bureau qui jusqu'à présent avait été celui d'Antenor. Elle chargea Das Dores de trouver un autre lieu de stockage pour les cours de comptabilité qu'Antenor gardait depuis ses dix-huit ans. Elle posa la machine à écrire Olivetti sur la table et dédia le reste de la journée à la recherche des lettres sur le clavier. *Tac tac tac, ça c'est un bruit agréable à entendre*, songea Das Dores. Tant que ce bruit résonnait dans la maison, cela signifiait que personne ne fixait des yeux la bibliothèque.

Tac tac tac, ce fut le bruit de cette période. Au début, c'était assez lent, un tac par-ci, un tac par-là. Puis cela se transforma en un son unique, continu, un tactactactatactac qui remplissait l'après-midi entier, et s'intensifia au point de ne plus être perçu comme un bruit.

En plus de l'écriture, Eurídice trouva une autre fonction pour ses mains, celle qui consistait à allumer la cigarette qu'elle fumait en cachette dans la salle de bains du premier étage. Se mettre à fumer à son âge, ça lui paraissait tout bonnement génial. Chaque cigarette était un cri de liberté qui se consumait lui-même, sans laisser de trace. Elle y gagna des dents jaunes et une haleine parfumée à la menthe, avec un je-ne-sais-quoi sur lequel Antenor ne parvenait pas à mettre de nom. Elle y gagna également un regard plein d'assurance, assurance qui lui venait tant des profondes bouffées de fumée qu'elle expirait que des livres qu'elle lisait.

La seule personne au courant de sa tabagie était Das Dores, et ce n'était même pas un témoin oculaire, tout juste un témoin olfactif. Elle voyait son employeuse s'enfermer dans la salle de bains, sentait l'odeur de la fumée qui s'échappait de la fenêtre basculante et entendait Eurídice vaporiser du parfum dans l'air, sûre de tromper ainsi Das Dores, et ne trompant qu'elle-même. L'employée de maison s'en moquait. Elle était même d'avis que dona Eurídice avait pris beaucoup trop de temps à se trouver un palliatif. Elle-même, quand quelque chose la mettait en boule – par exemple, son ex-compagnon surgissant de nulle part pour lui voler tout son argent et frapper les enfants –, c'était dans le bar d'Antenor qu'elle trouvait le réconfort. Elle évitait le Ballantine's (elle savait que c'était toujours la bouteille de prédilection de son employeur, les Nuits du Petit Whisky), et jetait son dévolu sur les alcools intouchés, véritables totems du bar. Quand le niveau de la boisson était trop bas, elle remplissait la bouteille avec de l'eau sucrée, et la vie suivait son cours, avec un regain de légèreté.

Quand Eurídice entendait ses enfants rentrer de l'école, elle retirait de sa machine la feuille qu'elle venait de noircir et la rangeait avec les autres dans le tiroir du bureau. Elle passait ensuite au salon et demandait à ses enfants comment s'était passée leur journée.

« Très bien, répondait Afonso.

— J'ai eu un huit en maths. Le professeur m'a

dit que si je continuais comme ça j'aurais aucun problème à passer mon *vestibular*[1]. Luiza s'est fait faire une manucure, dans un salon de beauté de la rue Mariz e Barros. Tu peux m'acheter le nouveau disque de Dorival Caymmi ? Ça me ferait tellement plaisir, maman », disait Cecília.

Puis c'était au tour d'Antenor de rentrer. Il embrassait son épouse sur le front, passait dans sa chambre pour se changer et revenait au salon ses chaussons aux pieds. La famille au grand complet dînait, l'un demandait à ce qu'on lui passe le riz, l'autre faisait remarquer qu'il avait fait très chaud ce jour-là.

Tous connaissaient la nouvelle occupation d'Eurídice, mais personne n'osait lui demander ce qu'elle passait ses journées à écrire. C'est par une soirée d'octobre, alors que son travail était déjà bien avancé, qu'entre deux coups de fourchette Eurídice soulagea en deux phrases la curiosité de toute sa famille.

« Je suis en train d'écrire un livre. Sur l'histoire de l'invisibilité. »

Et le dîner se poursuivit en silence. Personne n'essaya d'en savoir plus sur le livre en soi, personne ne lui demanda si elle envisageait de le faire publier, s'il s'agissait d'une histoire d'amour ou d'aventure, ni pour qui elle se prenait pour se mettre à écrire comme ça. Tous partageaient la conviction qu'on ne pouvait prendre Eurídice au sérieux que lorsqu'elle disait que le dîner était servi, ou qu'il était l'heure

1. Concours d'entrée à l'université.

de se lever pour aller à l'école. Ses projets étaient confinés aux murs de cette maison. Ou aux limites du quartier, pour les projets impliquant la préparation de sandwiches au fromage pour des fêtes d'anniversaire organisées chez des voisines.

Eurídice répondit à cette indifférence par un détachement absolu. Le détachement était un élément clef de cette nouvelle phase. Elle passait ses journées enfermée dans son bureau, et quand le *tactac* de la machine cessait, cela ne pouvait signifier qu'une chose : Eurídice était plongée dans un livre. Parfois, Das Dores entendait quelqu'un parler et quittait la cuisine afin de savoir si l'invitée désirait boire un café. Dans le salon, elle comprenait que c'était Eurídice qui parlait toute seule, de l'autre côté de la porte du bureau. Das Dores poussait un soupir et retournait en cuisine d'un pas traînant.

En réalité, c'était avec les livres qu'Eurídice parlait. « Alors ça, c'est vraiment génial, je ne suis pas d'accord avec cet argument, ce paragraphe-là renvoie à celui-ci, dans cet autre livre », disait-elle aux pages. Elle soulignait des passages, écrivait dans les marges et, parfois, insistait un peu trop sur les points d'exclamation.

Il lui arrivait aussi de prendre l'omnibus pour la Bibliothèque nationale. Elle consultait le catalogue des archives, relevait quelques cotes et passait la journée entre les rayonnages. Elle prenait des notes dans un nouveau cahier à lignes, que seu Antônio eut grand plaisir à lui vendre. Puis rentrait chez elle en fin d'après-midi. Elle marchait jusqu'à l'arrêt de l'omnibus, se frayant un chemin parmi les pigeons affamés du parvis de la bibliothèque. Mais elle ne remarquait ni les pigeons, ni la file d'attente, ni l'omnibus. Le regard perdu dans la foule, de l'autre côté de la vitre, Eurídice ne voyait que les pages qu'elle venait de lire.

Le seul qui semblait plus ou moins comprendre cette nouvelle lubie était Chico. À l'occasion des déjeuners dominicaux, où les Gusmão Campelo recevaient la visite de Guida, Antônio, Chico et Eulália (cette dernière ne venait que lorsqu'elle n'était pas malade, et elle n'était jamais malade quand Eurídice faisait de la *bacalhoada*[1]), Chico disparaissait dans le bureau avec sa tante. Personne ne prêtait l'oreille à leurs conversations, parce que la porte restait toujours close et parce que personne ne s'y intéressait vraiment.

Le plus gênant dans cette nouvelle phase, c'était le regard d'Eurídice : on aurait dit qu'elle scrutait au plus profond des personnes, comme pour leur voler leurs secrets. Mais tant que les règles de la maison étaient respectées, tant qu'Afonso avait les cheveux courts et que son uniforme scolaire était propre, tant que Cecília portait des jupes décentes et ne riait pas trop fort, tant que les chaussons d'Antenor et les coussins du canapé étaient à leur place, Eurídice pouvait poser les regards qu'elle voulait sur autrui.

Les Gusmão Campelo menaient enfin une existence apparemment normale.

Enfin.

1. Plat brésilien d'origine portugaise, à base de morue.

Ce n'est qu'en partie vrai.

Antenor s'obstinait toujours à se croire cocu rétroactif. Il continuait à boire plus que de raison les Nuits du Petit Whisky et à accuser sa femme de nuits de luxure antérieures à leur mariage. « Qui était-ce ? » demandait Antenor, et Eurídice répondait comme toujours qu'il n'y avait eu personne. Mais à présent elle se disait qu'il aurait mieux valu que ces nuits aient existé, pour elle comme pour Antenor.

Une Nuit du Petit Whisky, Guida se trouvait chez eux. Elle donna congé à Dos Dores dès qu'elle entendit les premiers cris et lava elle-même la vaisselle du dîner. Elle essuyait les assiettes quand Eurídice apparut sur le seuil de la cuisine, tête baissée.

« Antenor a de ces manies. Il croit que je n'ai pas conservé ma virginité pour le mariage, parce que je n'ai pas saigné la première fois. »

Guida essuyait toujours la vaisselle.

« Ça m'est arrivé, à moi aussi.

— Quoi ?

— Il m'est arrivé pareil. Il n'y a pas eu de taches sur le drap, mais Marcos ne l'a même pas remarqué. » Elle s'interrompit un instant, regardant droit devant elle. « On était tellement amoureux, à l'époque. »

Eurídice considéra sa sœur comme s'il s'agissait d'un livre intéressant. Puis elle rangea les couverts dans le tiroir.

Les écrits d'Eurídice menaient une petite vie tranquille, au fond de ce tiroir de bureau. La lumière n'y pénétrait qu'une fois par jour, accompagnée de nouvelles pages noircies. Il n'y avait pas d'autre bruit que celui de la machine à écrire. En plus de leur mélancolie, ces écrits possédaient un pouvoir quasi magique dont certaines pages seulement peuvent se vanter, celui de déranger beaucoup de monde.

En l'occurrence, ce *beaucoup de monde* dérangé par l'œuvre d'Eurídice désignait les autres femmes du quartier. Pour les ouailles de Zélia, les nouvelles habitudes d'Eurídice dépassaient les limites du tolérable et constituaient une insulte. Qui était-elle pour lire des auteurs compliqués et écrire autre chose que des recettes de pâtisserie ?

Eurídice enfreignait l'une des règles fondamentales du Statut de Voisin, selon laquelle le bonheur d'un groupe n'est possible que lorsque tous ses membres se ressemblent, tant par leur compte bancaire que par leurs aspirations.

En ayant vent par Zélia des *tactacs* de la machine d'Eurídice, en croisant dans la rue leur voisine, les bras chargés de tant d'ouvrages, en comprenant qu'aux yeux d'une Tijucana[1] pareille les on-dit de quartier n'avaient pas la moindre importance, la corporation des femmes des environs de la rue Uruguai se sentit directement visée. Tant d'arrogance de la part d'Eurídice ne pouvait s'expliquer que par la folie.

Et les preuves de sa démence étaient légion : Eurídice violait les lois de la morale et des bons usages en continuant à saluer Sílvia après qu'elle

1. Habitante du quartier de Tijuca.

se fut séparée de son mari. Eurídice avait refusé de participer au Conseil tijucano contre le communisme, créé par dona Iaiá. Eurídice avait refusé de devenir la trésorière du comité de philanthropie de l'América Futebol Clube, dont le noble but était d'éradiquer la misère du monde en confectionnant des sandales en crochet pour les métis déchaussés de la favela de Borel.

Une fois même, dona Efigênia avait demandé à Eurídice ce qu'elle avait dans son sac de la librairie Da Vinci, et Eurídice avait eu le toupet de répondre qu'il s'agissait des œuvres complètes de Shakespeare et d'un dictionnaire Oxford, *parce qu'elle était d'avis qu'il fallait lire Shakespeare dans le texte*.

Pauvre Eurídice, dirent les voisines. À présent son délire devenait bilingue. Elles étaient toutes très tristes pour elle. Et quand elle se mit à porter un turban turquoise, elles en furent très heureuses, car elles pouvaient être encore plus tristes pour elle. Eurídice ne se souciait plus de son apparence. Elle ne se donnait plus la peine de passer une heure devant sa glace, ou deux heures avec un casque sèche-cheveux sur la tête, pour parader ensuite dans le quartier en arborant fièrement sa choucroute.

Et c'est alors que l'opinion de ces dames fut totalement chamboulée. Un camion Gato Preto se gara devant la maison des Gusmão Campelo. Des hommes en salopette en descendirent les bras chargés de cartons, et encore d'autres hommes en salopette. Il était impossible d'écarter le regard d'un tel spectacle et de ne pas éprouver une agitation extrême.

Il fallut attendre une heure et demie avant d'entendre le récit de Zélia : Antenor supervisant avec nervosité le transport de sa télévision solidement emballée, Eurídice suivant de près le chargement de la vaisselle, les transporteurs veillant consciencieusement à leur hernie en transbahutant tous ces cartons remplis des livres d'Eurídice.

Oui, ils déménagent, révéla Zélia. Et pour où ?

Zélia s'efforça tant bien que mal de dissimuler sa déception.

« Pour Ipanema. »

Ipanema. Au début des années 1960, emménager à Ipanema, c'était bien plus que de transférer son mobilier quelques kilomètres plus loin. C'était franchir les portes du temps pour s'installer dans un quartier à côté duquel le reste de Rio faisait figure de ville du passé. Ipanema était un quartier d'écrivains, de poètes et de musiciens. De comédiens, de peintres et de sculpteurs. De journalistes, de dramaturges et de réalisateurs. Ipanema était également un quartier familial, avec de petites maisons entourées de murets, d'immeubles de peu d'étages et de confortables appartements de plain-pied, les plus chers de tout Rio de Janeiro.

C'est dans l'un de ces appartements qu'emménagèrent Eurídice et Antenor. Les six fenêtres du salon encadraient l'Atlantique, le long couloir donnait d'un côté sur quatre chambres avec armoires intégrées et, de l'autre, sur les cimes d'amandiers.

Ce que les excès des Gusmão Campelo en matière d'électroménager semblaient augurer depuis quelque temps devint alors officiel : la famille était devenue riche. Ils n'étaient plus assujettis aux règles de la classe moyenne de Tijuca, et on modifia en conséquence l'opinion qu'on se faisait d'Eurídice. De fait, elle n'était pas folle. Eurídice était une originale. Originale par son turban, originale par son écriture. Originale parce qu'elle transcendait tous les paramètres habituels de jugement.

Eurídice quitta Tijuca comme l'impératrice Charlotte Joachime quitta le Brésil : sans regarder derrière elle, sans se lamenter d'abandonner dans ce quartier les souvenirs de presque toute une vie. De Tijuca, elle ne voulait plus rien savoir. Quand tous les cartons furent casés dans le camion de déménagement, elle monta à bord de l'Aero Willys familial, à destination de la Zone Sud. Antenor démarra et Eurídice adressa à toutes et tous un bras d'honneur, même si elle jura par la suite qu'elle avait simplement tendu la main gauche pour jeter par la fenêtre un papier de bonbon.

Ipanema, elle le découvrirait très vite, comptait également ses ornithorynques. Mais c'était un nouveau quartier et elle était une nouvelle Eurídice, et ça, elle le savait, ça faisait toute la différence.

13

Après le mariage, Guida dut affronter un défi de plus : les moments d'oisiveté de sa belle-mère. Ces moments se résumaient à l'ensemble des secondes de l'ensemble des minutes de l'ensemble des heures de la journée, et n'avaient d'autre finalité que de faire de la vie de Guida un enfer. Dona Eulália n'acceptait toujours pas la trahison d'Antônio, *son* Antônio, un petit garçon qui pendant un demi-siècle avait été si gentil. Son mariage avec Guida fut un coup terrible pour sa santé, et en même temps la rendit immortelle. Eulália se fit la promesse que si Antônio et Guida voulaient vivre ensemble jusqu'à la fin de leurs jours, ils devraient attendre son trépas. Et mourir n'était toujours pas dans ses projets.

Au début, Guida fit de son mieux pour se rendre agréable auprès d'Eulália. L'eau du bain était froide ? Elle remplissait la baignoire d'eau chaude. Trop chaude ? Elle y vidait un seau d'eau froide. Un peu frisquette, maintenant ? Elle rajoutait de l'eau chaude. Un peu chaude, à présent ? Elle rajoutait de l'eau froide. Le calme et la constance de Guida irritaient Eulália, qui ne pouvait se plaindre que l'eau soit trop humide ou pas assez. Les haricots baignaient dans trop d'eau ? Guida augmentait le feu afin d'en faire bouillir une partie. Pas assez d'eau ? Elle en rajoutait. C'était la façon de l'accommoder qui n'allait pas, et Guida se pliait alors aux ordres d'Eulália quant à l'ail et l'huile d'olive, et si elle l'avait pu, elle aurait compté chaque grain de sel afin de suivre à la lettre les instructions de sa belle-mère.

Elle ne mit pas longtemps à comprendre qu'il lui était impossible de compter les grains de sel de tous les desiderata d'Eulália. C'était le bain, c'étaient les haricots, c'était la façon de repasser et plier le linge. La façon de ranger la nourriture dans le réfrigérateur et la couche de poussière invisible qu'elle ne nettoyait jamais.

Guida eut alors recours à Dieu. Tous les sept jours, elle allumait un cierge dans la salle de bains de l'appartement et priait Notre Seigneur Jésus-Christ, saint Sébastien de Rio de Janeiro, saint Expédit patron des causes urgentes et sainte Rita patronne des causes désespérées, tandis que dona Eulália tambourinait du poing contre la porte, intimant à sa belle-fille l'ordre de sortir immédiatement parce qu'elle souffrait d'une infection urinaire et ne pouvait passer cinq minutes sans aller aux toilettes.

Les cierges n'eurent pour seul effet que de noircir le plafond de la salle de bains. C'est Chico, et non les saints, qui consolait Guida. C'était lui qui la serrait dans ses bras, les soirs où les critiques d'Eulália devenaient plus virulentes. « Ça va s'arranger, maman », disait-il, histoire de dire quelque chose.

Les mois qui suivirent, l'infection urinaire de dona Eulália empira. Elle ne parvenait plus à faire le trajet jusqu'à la salle de bains sans accident en plein couloir. Guida nettoyait derrière elle, la changeait et la faisait asseoir, toute sèche, sur le canapé. Elle rinçait la culotte de sa belle-mère et retournait dans le salon, pour se faire dire qu'elle gaspillait beaucoup trop d'eau.

Les instants entre la vie et la mort étaient choses communes, les nuits de fin de semaine. Eulália agonisait dès les premiers accords de *Besame mucho* qui lui parvenaient du salon plongé dans la pénombre. « Mon heure a sonné, mon heure a sonné ! » criait-elle dans sa chambre, et Antônio accourait pour, une fois de plus, ne pas voir sa mère mourir. Guida rallumait la lumière et croisait les bras. Elle battait du pied la cadence du boléro, en attendant le retour de son mari. Quand la musique se terminait, Antônio était encore dans la chambre de sa mère.

Lorsque sa belle-mère commença à souffrir d'incontinence fécale, Guida en parla avec Antônio. Dona Eulália semblait vraiment très malade, il serait peut-être préférable de la faire entrer dans un asile, afin qu'elle soit traitée au mieux par des professionnels de la santé.

Antônio regarda Guida comme si elle portait une paire d'antennes. Jamais il n'abandonnerait sa mère. Comment aurait-il pu fermer l'œil en sachant que celle qui lui avait donné le jour se trouvait en compagnie d'inconnus, qu'elle pouvait mourir d'un instant à l'autre, et qu'il serait le seul, l'unique responsable de cette situation épouvantable ?

Et Guida regarda son compagnon comme quelqu'un dont la myopie aurait spontanément guéri. Antônio resterait à tout jamais enchaîné à sa mère. Le cordon ombilical avait vite disparu après l'accouchement, auquel la belle-mère avait eu la mauvaise idée de survivre. Mais dans la tête de son mari, le cordon ne serait jamais coupé.

Guida passa la matinée suivante absorbée par des pensées d'un genre inédit, tandis que sa belle-mère mangeait des bonbons à la noix de coco devant la télévision. Entre elles deux, il n'y aurait de trêve que dans la mort. Si l'on prenait en compte le nombre d'années vécues, Guida avait l'avantage dans ce duel. Mais si l'on prenait en compte la résistance des adversaires, Eulália sortirait victorieuse.

C'est ainsi qu'elle se mit à envisager quelque chose qu'elle n'avait pas vraiment envie d'envisager, mais qui entra pour de bon dans sa tête, comme ça, l'air de rien, et qui entra parce qu'on l'y avait invité, même si Guida s'en défendait. Et comme personne ne prit la peine de l'expulser, ce quelque chose prit racine et grandit. Guida n'aimait pas y réfléchir, mais en même temps ne faisait rien pour ne pas y penser. Ce n'était en vérité qu'une hypothèse, une simple idée, quelque chose qui pouvait arriver, mais si on lui avait demandé si à son avis cela risquait d'arriver, elle aurait répondu que non, absolument pas, jamais ça n'arriverait. Et ce quelque chose se résumait en ces quelques mots : *et si un jour j'assassinais ma belle-mère ?*

Elle se mit à observer dona Eulália avec un tout nouvel intérêt. Le matin, elle buvait son café avec huit cachets. Elle se plaignait des miettes sur la table, ou des rayons de soleil qui filtraient à travers la fenêtre. Puis elle allumait la radio ou regardait la télévision en suçotant des bonbons à la noix de coco. Elle se plaignait du peu de lumière, « qu'est-ce qui a pris à Guida de fermer les volets ? », du bruit des steaks dans la poêle et de son coussin préféré qui était si loin, à l'autre bout du canapé. Elle déjeunait à midi, en compagnie de onze médicaments. Dona Eulália se plaignait du dessert – « De la gélatine aux fruits, encore ? Fais-moi de vrais desserts, il ne me reste plus beaucoup de temps pour en profiter. Du pudding, un mardi ? Mais tu veux que je meure de diabète ? »

L'après-midi, dona Eulália passait le temps entre deux programmes télévisés en regardant longuement par la fenêtre, toujours un bonbon à la noix de coco à la bouche. Et elle ne quittait son poste que pour aller aux toilettes. « Qu'est-ce qu'elle sent mauvais, cette salle de bains, Guida. Tu utilises quoi, pour la nettoyer, rien que ta bonne volonté ? » Elle dînait à dix-huit heures, en agrémentant le repas de neuf cachets et de critiques sur l'assaisonnement de la viande.

Et les choses en étaient là, Guida avec cette idée qui ne venait pas d'elle, dona Eulália en reine souveraine, et moribonde par intermittence, quand un mercredi après-midi une vendeuse de confiseries bahianaise passa dans leur rue.

« Vous avez des bonbons *puxa-puxa?* cria dona Eulália de sa fenêtre.

— Bien sûr m'dame », répondit la vendeuse, et dona Eulália envoya Guida lui en acheter.

Guida revint avec les bonbons et passa en cuisine pour les mettre dans une petite assiette. « Ça salit de la vaisselle pour rien », commenta Eulália.

Guida poussa un soupir – ces derniers temps, elle ne respirait plus qu'en soupirant – avant de retourner en cuisine pour accommoder les haricots avec trois gousses d'ail, une moitié d'oignon moyen hachée, trois cuillerées et demie d'huile d'olive et deux pincées de sel, conformément aux instructions de sa belle-mère. De là où elle était, elle pouvait entendre les bonbons *puxa-puxa* claquer contre le palais d'Eulália. *Stac, stac. Stac, stac. Stac, stac.*

Et c'est là que cette idée qui ne venait pas vraiment de Guida fait son grand retour, et que les choses deviennent un peu plus confuses. Parce que Guida se dit qu'elle pourrait faire elle-même des bonbons *puxa-puxa*, pour le plus grand plaisir de sa belle-mère, et sa belle-mère, qui sait, pourrait bien un jour s'étouffer avec.

Dona Eulália ne critiqua même pas les bonbons que Guida confectionnait à présent tous les matins. La vieille femme ressemblait à un cocker docile, couvant sa belle-fille d'un regard implorant. Si les dentiers avaient été sujets aux caries, celui de dona Eulália serait devenu complètement noir. Elle passait ses journées entières à faire claquer les bonbons contre son palais. *Stac, stac. Stac, stac. Stac, stac.* Quand un bout se coinçait entre ses fausses dents, elle enfonçait son index dans sa bouche pour l'en déloger. Quand le bout était trop gros, le dentier se décollait, et Eulália le remettait en place, dans un *crec* sonore. *Stac, stac. Stac, stac. Crec. Stac, stac. Stac, stac. Crec. Stac, stac. Stac, stac. Crec.*

Les bonbons faits maison entraînèrent une trêve entre Guida et Eulália. Une trêve qui précéda de peu l'ultime bataille. Celle-ci éclata un mardi. Guida était dans la cuisine, en train de préparer des escalopes à la milanaise, dona Eulália était au salon, à sucer des *puxa-puxa*. Ses *stac* étaient aussi réguliers que les battements d'un métronome. *Stac, stac. Stac, stac. Stac, stac. Crec. Stac, stac. Stac, stac. Stac, stac. Crec. Stac, stac. Stac, stac. Stac, stac. Crec.* Jusqu'au moment où le salon fut plongé dans un silence complet, interrompu par le bruit de quelque chose tombant au sol, et un *argh, argh, argh*.

C'est là que l'histoire devient un peu floue.

Quand Guida entendit le *argh, argh, argh*, elle s'imagina la même chose que vous, chers lecteurs. En revanche, elle en conclut qu'elle se trompait certainement, et jugea préférable de tremper les trois dernières escalopes dans la chapelure en chantonnant *Desafinado*. Qu'elle eût conclu qu'elle se trompait parce que la chose était tout sauf plausible, ou qu'elle eût opté pour cette analyse parce qu'elle souhaitait plus que tout que cela arrive, et qu'elle savait que pour que cela arrive il fallait qu'elle trempe les dernières escalopes dans la chapelure, Guida elle-même aurait été bien incapable de le dire. *Argh, argh, argh*, entendit-elle encore. Elle se secoua enfin et accourut dans le salon où, manifestement, ce qu'elle désirait qu'il arrive sans croire que cela fût possible était, de fait, en train d'arriver. Les portraits encadrés de la table basse étaient tombés, et dona Eulália, les yeux révulsés, finissait de s'étouffer avec un bonbon *puxa-puxa*.

Guida était au comble du désespoir. Elle enfonça sa main recouverte de chapelure dans la gorge de sa belle-mère, mais impossible de déloger le bonbon. Elle retira le dentier d'Eulália, mais rien à faire. Elle lui tapa énergiquement le dos, la retourna tête en bas, cria au secours par la fenêtre, frappa à nouveau le dos de la vieille. Et le bonbon, Dieu sait où, qui refusait de bouger d'un centimètre. Guida savait qu'il existait un moyen de faire respirer dona Eulália, qu'il suffisait d'une incision quelque part dans le cou pour que l'air se remette à circuler, mais la seule chose qu'elle avait retenue de ses cours de biologie, c'était le fait que la jugulaire passait également par le cou, et l'emplacement de cette jugulaire était à ses yeux aussi mystérieux que celui du bonbon coincé.

Les voisins finirent par arriver. Les premiers eurent le privilège de pouvoir tapoter le dos de dona Eulália. Les autres ne virent que le corps. L'ambulance arriva une demi-heure plus tard.

Les larmes de Guida durant l'enterrement de sa belle-mère furent sincères. Elle pleurait pour Antônio, qui sanglotait de douleur, et qu'on pouvait à juste titre considérer comme le seul petit orphelin au monde à avoir des problèmes coronariens et du poil aux oreilles. Le deuil de la famille dura une semaine. Le samedi soir, Guida donna quelques sous à Chico pour qu'il aille au cinéma, et posa *Besame mucho* sur le tourne-disque. Après cette nuit, Antônio cessa d'être un petit orphelin.

En ce début d'années 1960, la vie à Tijuca était beaucoup trop paisible, même pour ce quartier. Depuis des mois, il n'y avait plus eu la moindre petite jeune fille pour tomber enceinte et disparaître une semaine pour se faire avorter au mépris de la loi, ou neuf mois pour donner naissance à un bâtard. Plus la moindre employée de maison au ventre chaque jour un peu plus rond, partant du jour au lendemain, une main derrière, une main devant, avec la certitude de ne plus pouvoir trouver de travail. Aucune famille n'annonça que le maître de maison partait en déplacement à l'étranger, l'étranger étant en l'espèce l'Hôtel des Séparés, à Santa Teresa. En proie à un ennui absolu, Zélia prit la mauvaise habitude d'arracher les cuticules de ses ongles. Mais c'est alors qu'elle eut vent d'une histoire qui, sans doute, était la Meilleure de l'Année, voire de la décennie.

À l'invitation d'une cousine, elle se rendit à la kermesse de l'église São Joaquim, et conversa à cette occasion avec une amie de sa cousine, épouse d'un horloger. Cet horloger avait une cliente qui habitait dans le quartier de Muda, et cette cliente avait une demi-sœur, qui avait de son côté une autre demi-sœur, qui lui avait raconté une histoire qu'elle tenait d'une amie, au sujet d'une de ses voisines du quartier d'Estácio qui avait disparu d'un jour à l'autre. La raison pour laquelle cette histoire avait été relayée par tant de bouches était que cette femme était aussi belle qu'effrontée. C'était une mère célibataire qui refusait de céder aux hommes qui la courtisaient, et vivait avec une ancienne prostituée – Dieu seul sait ce qu'elles faisaient toutes les deux sous le même toit. On racontait que l'ancienne prostituée avait connu une mort atroce, sans doute en rétribution de ses péchés, et que la mère célibataire ne s'occupait pas comme il fallait de son fils, preuve en était qu'il était tombé gravement malade. Apparemment, cette mère célibataire offrait ses charmes au pharmacien du quartier, et sa disparition était liée à l'hospitalisation de cet homme suite à une absorption massive de laxatif, dissimulé à en croire les bruits qui couraient dans un gâteau au chocolat, ou dans un pain au maïs, ou dans une île flottante que la femme en question lui avait offert à l'occasion d'un de leurs rendez-vous honteux. Depuis, le pharmacien ne pouvait s'empêcher de serrer les poings de colère au souvenir de cette femme, qui s'appelait Guida Gusmão.

Guida Gusmão. C'est de famille, alors, songea Zélia. *Eurídice est peut-être une traînée, comme le crie si bien Antenor, mais elle n'est pas la seule. Il faut en informer au plus vite les parties concernées.*

Zélia œuvra consciencieusement à sa divulgation, mais au bout d'une semaine l'information n'avait toujours pas atteint ses cibles principales, à savoir Guida et Antônio. Après la mort d'Eulália, la petite famille se désintéressa totalement de la vie sociale du quartier. Financé par sa mère, Chico découvrait les plaisirs du cinéma, tandis qu'Antônio découvrait les plaisirs du mariage.

Quand Zélia passait à la papeterie, elle n'y trouvait que Tinoco, assis à la caisse.

« Vous savez où se trouve seu Antônio ?

— Il était là ce matin, mais il a dit qu'il n'était pas dans son assiette. »

Au bout de quelques semaines, les membres de la petite famille renouèrent avec leurs anciennes habitudes. Ils purent reprendre le fil des histoires du quartier, entendre les on-dit aussi bien que les nourrir.

C'était un lundi matin. Seu Antônio était derrière le comptoir, Tinoco époussetait des cahiers à l'autre bout de la papeterie. Zélia entra avec un air de profonde tristesse et ne prit pas même la peine de trouver un prétexte à sa visite, en demandant par exemple une demi-douzaine de crayons ou des feuilles volantes pour classeur. À peine eut-elle échangé un bonjour qu'elle raconta l'histoire de Guida, enrichie de détails que seule une mouche indiscrète aurait pu connaître. Elle parla de promesses d'amour éternel et de baisers passionnés, et de perles et d'émeraudes, échangées contre d'autres promesses d'amour et d'autres baisers passionnés. Elle était particulièrement inspirée, se disait que le pharmacien ne lui en voudrait pas de ces licences poétiques, et s'apprêtait même à faire entrer en scène un boulanger, un pompier et un plombier quand l'expression indignée d'Antônio l'obligea à s'interrompre.

« De quel droit venez-vous ici pour médire sur ma femme ?

— Mais, seu Antônio, loin de moi cette intention…

— Sortez tout de suite de ma boutique. »

Le soir même, Antônio répéta à Guida l'histoire que lui avait racontée Zélia. Il en postillonnait, levait les yeux au ciel, indigné par la méchanceté des gens.

« À Estácio, ma parole, à Estácio ! Sous le même toit qu'une prostituée, avec des colliers de perles et des bagues d'émeraude par-dessus le marché, comment peut-on inventer de pareilles choses sur ton compte, ma nymphe ? »

Guida serrait les mains d'Antônio dans les siennes en abondant dans son sens, oui, c'était à peine croyable. De la pure jalousie, ça ne pouvait être que ça. On jalousait leur amour, tout le monde n'avait pas la chance d'être aussi heureux. Elle posa la tête d'Antônio sur sa poitrine et lui caressa tendrement les cheveux. Antônio ne releva les yeux qu'une fois.

« Ce n'est qu'un ramassis de mensonges, n'est-ce pas ?

— Bien sûr. Rien qu'un ramassis de mensonges. »

Et Antônio reposa sa tête. Guida serrait un enfant dans ses bras. Un enfant aux tempes blanchies, qui collait l'oreille contre sa poitrine pour ne plus rien entendre que les battements de son cœur.

Et c'est ainsi que les détails scatologiques inventés par Zélia et la salive dont seu João avait recouvert Guida se retrouvèrent dans le même sac, celui des faits qui n'avaient jamais eu lieu. Dans ce sac disparurent les bijoux échangés contre des faveurs que Guida n'avait jamais accordées. Dans ce sac disparut aussi le gâteau à la noix de coco préparé par Guida pour le pharmacien, et qui contenait vingt-trois laxatifs. Disparus, les jours de travail harassant à Estácio, et les nuits d'agonie de Filomena. Disparus, les moments les plus effrayants de la maladie de Chico et les armoires vides de la cuisine. Rien de tout cela n'avait existé. Plus tard dans la nuit, couchée à côté de son mari endormi, les yeux grands ouverts, Guida se dit qu'elle n'aurait pu trouver mieux que ce vaste sac pour y cacher cette partie de son passé.

14

Ce matin-là, pour la première fois en quarante ans, l'épicerie de la rue Almirante Alexandrino n'ouvrit pas. À l'intérieur, seu Manuel gisait à terre, parmi les oranges qu'il avait renversées lorsque, sentant les prémices d'un AVC, il avait voulu prendre appui sur quelque chose. L'attaque le priva de toute la moitié droite de son corps, et lui valut une expression encore plus bougonne que celle qu'il affichait constamment depuis le décès de sa femme.

Le vieux Portugais ne mit pas longtemps à découvrir que la plus terrible des conséquences de l'attaque n'était pas la perte de mobilité d'une moitié de son corps, mais la perte de toute prise sur son destin. Les rôles furent inversés du jour au lendemain, et si c'était seu Manuel qui jusqu'ici avait dicté ses règles, c'étaient à présent ses filles qui lui imposeraient leurs volontés. Et toutes deux décidèrent (victimes d'une crise de démence, de son point de vue) qu'à partir de cet instant, Guida s'occuperait de son père.

Manuel en vint à considérer que, tout compte fait, son nouveau visage de guingois ne lui allait pas si mal que ça. Il n'avait aucune intention d'échanger autre chose que des grognements avec sa fille. De son côté, Guida tentait de contenir les siens. Elle regardait le vieux alité et voyait là le responsable de toutes ces années de souffrance, celui qui lui avait interdit tout retour au bercail alors qu'elle était enceinte de Chico. Mais le vieux alité était également celui qui, les jours de grandes pluies, lui fabriquait de petits bateaux avec des feuilles de journal, que tous deux lançaient sur les ruisseaux qui se formaient dans les rues de Santa Teresa. C'était lui qui lui faisait des pansements plus que parfaits aux genoux quand elle s'écorchait. Et surtout, c'était lui qui lui avait appris ce qu'était un cœur, en lui expliquant d'où venait ce son qu'elle entendait dans la poitrine de son père, quand elle y posait la tête pour s'endormir.

Père et fille avaient toujours été le reflet fidèle l'un de l'autre. Il grognait, elle grognait. Il se réveillait de mauvaise humeur, elle se réveillait de mauvaise humeur. Il croyait tout savoir, en tout cas c'était ce qu'elle croyait.

Chacun de ces points communs était une victoire pour dona Ana. Quand une nouvelle ressemblance se faisait jour, elle cachait derrière un sourire le *bien fait* qu'elle n'osa jamais prononcer. Les disputes du couple se ressemblaient toutes : « Où est-ce que tu as traîné quand tu étais célibataire, pour ne pas saigner la nuit de noces ? Comment est-ce que je peux être sûr que Guida est vraiment ma fille ? » Ana répondait timidement qu'elle n'avait jamais embrassé d'autres hommes que ses frères et, les premières années de mariage, en était même venue à penser que c'étaient ces baisers chastes qui lui avaient coûté sa virginité.

Plus tard, quand l'épicerie qu'ils avaient ouverte à Rio se mit à prospérer, leur donnant les moyens financiers de consulter des docteurs, Ana alla voir un spécialiste. Lorsque l'assistante l'appela par son nom dans la salle d'attente, elle aurait voulu ne jamais avoir pris rendez-vous. Au prix d'un effort titanesque, dona Ana relata la nuit de noces en omettant les mots les plus importants : les pistes qu'elle évoqua suffirent pourtant pour que le médecin parvienne à reconstituer les faits.

C'était un homme à l'expression impénétrable, avec des lunettes dont les verres rapetissaient les yeux, et des lèvres qui ne souriaient jamais. Il semblait plus que tout s'intéresser au stylo qu'il tenait entre ses doigts. Sans quitter le Parker du regard, il répondit à sa patiente dans le même dialecte qu'elle. Il lui dit que cela arrivait, que toutes les femmes ne se ressemblaient pas en tout. Que les parties intimes de certaines dames étaient différentes de celles d'autres dames, que ce qu'on s'imaginait bien souvent très abondant, de fait, ne l'était pas toujours, que cela pouvait être très discret, voir quasi inexistant. Qu'il n'y avait aucune raison de s'inquiéter, qu'il avait dû y avoir quelque chose, de si ténu qu'il avait été imperceptible, mais qu'il y avait forcément eu quelque chose. Qu'il ne fallait plus penser à ça et profiter de la vie, et que si elle le jugeait nécessaire, il pouvait lui prescrire un élixir pour les nerfs.

Quand elle rentra de la consultation, Manuel lui demanda comment cela s'était passé.

« Le docteur Diógenes m'a dit que ce genre d'indispositions étaient naturelles à mon âge et qu'il n'y avait pas de raison de s'inquiéter. »

Elle dit également à son mari qu'elle avait acheté l'élixir qu'il lui avait prescrit, tout en enfilant son tablier et en s'avançant vers un coin de l'épicerie. L'informer du véritable motif de la consultation et de la réponse vague du docteur, c'était au-delà des forces d'Ana, et c'eût été plus que ce que Manuel aurait pu entendre.

Le temps qui passe se chargea de venger dona Ana : Guida ne semblait être la fille que de son père. Tous deux avaient les mêmes pommettes saillantes et le même nez fin. Ils ne s'endormaient qu'en remuant du pied et ronflaient un peu quand ils prenaient froid. Il fallut faire une autre fille pour qu'Ana puisse se voir comme dans un miroir. C'était tout particulièrement le cas lorsque la petite Eurídice regardait mélancoliquement par la fenêtre, comme si elle songeait à tout ce qu'il lui restait à vivre et qu'elle ne vivrait jamais. Ana connaissait bien ce sentiment. Un sentiment étouffé par une vie routinière, qui réduisit son univers à l'ouverture et à la fermeture de l'épicerie. Ana était aussi intelligente qu'Eurídice, mais elle n'avait rien vu du monde qui s'étendait au-delà des douzaines de tomates.

Le Portugais s'en voulut profondément d'avoir renié sa fille, de cette façon si portugaise de s'en vouloir qui implique de n'en rien laisser paraître. À la mort de dona Ana, il s'en voulut encore plus, et se fit encore plus portugais, en ne laissant absolument rien paraître. Tout irait bien, du moment qu'il pouvait continuer à s'asseoir derrière le comptoir de l'épicerie, tous les jours à la même heure.

C'est Guida qui proposa de s'occuper de son père après l'attaque. Elle n'avait pas été là à la mort de sa mère, et elle ne souhaitait pas accumuler les remords. « Ne t'inquiète pas, on finira par s'entendre », promit-elle à Eurídice.

Emménager à Santa Teresa leur ferait du bien, à Antônio, Chico et elle. Les ventes de la papeterie baissaient, ce qu'Antônio attribuait à l'ouverture d'un magasin Casa Mattos dans la rue Conde de Bonfim, et que Guida attribuait à l'incident entre Zélia et Antônio. Il vendit son affaire, l'argent servit à acheter un terrain à Laranjeiras, et tous trois s'installèrent dans l'appartement qui se trouvait au-dessus de l'épicerie, qu'ils partagèrent avec seu Manuel.

Au fil des mois, seu Manuel se remit de l'attaque, au point qu'on ne sut plus vraiment s'il grognait à cause des séquelles ou à cause de sa nature grincheuse. Ce trait plaisait particulièrement à Chico, qui rêvait depuis toujours d'avoir un grand-père. Il aimait lui lire des poèmes de Guerra Junqueiro, son poète préféré.

Qu'il est triste de les voir ainsi s'effeuiller,
Les voir ainsi balayées dans le vaste ciel,
Ces illusions que nous portons et déposons
Sur la poitrine des mères, éternel autel.

On ignore jusqu'au comment, et jusqu'au quand
De cet instant qui nous soulagera de notre âme !
Car les âmes vont, perdues, glissent et flottent
Dans ce courant électrique de la mer !...[1]

Chico faisait semblant de ne pas remarquer les yeux humides de son grand-père. Et il songeait à ce petit vieux aux lèvres tordues, qui n'avait rien fait d'autre de toute sa vie que de vendre des fruits, et qui aimait, aux heures perdues, penser aux âmes portées par des courants de mer électriques.

Eurídice leur rendait visite deux à trois fois par semaine, avec son turban turquoise sur la tête et ce parfum de menthe sur les lèvres. Elle ne pouvait passer plus souvent parce qu'elle s'était inscrite en histoire, à l'université PUC. Elle fut l'étudiante la plus passionnée de la première année, étudiante légèrement passionnée de la deuxième, intéressée pendant la troisième et plus que sceptique pendant la quatrième. Elle écrivait toujours énormément, et participa en compagnie de Chico à quelques-unes des manifestations estudiantines qui eurent lieu après 1964.

La famille se retrouvait au grand complet chaque dimanche autour du déjeuner, chez Eurídice. Seu Manuel s'asseyait sur un divan, près de la fenêtre.

---

1. *E é triste ver assim ir desfolhando/Vê-las levadas na amplidão do ar,/As ilusões que andámos levantando/Sobre o peito das mães, o eterno altar.//Nem sabe a gente já como, nem quando,/Há-de a nossa alma um dia descansar !/Que as almas vão perdidas, vão boaindo/Nesta corrente eléctrica do mar !...*

Il scrutait l'Atlantique des heures durant, guettant peut-être quelque âme perdue dans les courants électriques, songeant peut-être à son Ana chérie, peut-être regardant simplement les fesses de cette jolie fille qui passait, mais comment est-ce qu'on peut sortir dans la rue avec des vêtements aussi courts, ce monde marche sur la tête. Cecília faisait acte de présence, la tête ailleurs, à l'affût moins des sujets de conversation que de la sonnerie du téléphone. Une amie pouvait toujours l'appeler pour l'inviter à aller voir un film, ou bien (lorsqu'elle s'était rendue à une fête le samedi soir), peut-être que c'était lui qui appellerait, mon Dieu, et si c'était lui. Afonso continuait à garder la plupart de ses mots pour lui. Il déjeunait sans rien dire, et avait pour hobby de rompre avec ses petites amies tout de suite après avoir conclu, sur l'avenue Niemeyer où tant d'autres jeunes privilégiés s'essayaient aux jeux de l'amour, bien à l'abri dans leurs automobiles. Antônio était toujours heureux, regardant tantôt Guida, tantôt Eurídice. Chico lisait, mangeait, parlait avec Eurídice et s'en allait. Antenor devint encore plus antenoresque qu'il ne l'était. Tout imbu de lui-même, sûr de tout, incapable de la moindre erreur, et gare à celui qui s'avisait de lui faire remarquer qu'il s'était trompé sur quoi que ce soit : si tout le monde se trompait comme lui, dans ce pays, le Brésil serait la plus grande puissance au monde.

Quand la famille avait emménagé à Ipanema, Das Dores les avait suivis, mais elle dut cesser de travailler pour eux dès la deuxième année. Elle avait mal aux jambes, à l'en croire. Par le biais de connaissances, Eurídice lui permit de décrocher une consultation à l'hôpital de Fundão, sans avoir à attendre les sept mois requis. Apparemment, l'opération s'imposait, et on n'en sut pas plus. Antenor et Eurídice ne pouvaient pas se permettre d'avoir une employée incapable de nettoyer le dessus du frigo. Ils lui versèrent une prime, plus encore quelques poignées de cruzeiros, et Das Dores quitta leur monde, aussi discrète dans sa disparition que durant toutes ces années à leur service.

Après le coup d'État militaire de 1964, Eurídice se mit à écrire avec une rage redoublée, comme on pouvait le déduire à l'intensité des *tactacs* de sa machine. Elle envoya quelques textes au *Jornal do Brasil*, qui ne les publia pas. Quelques années plus tard, lorsque fut créé le journal *O Pasquim*, elle tenta à nouveau sa chance, mais n'obtint jamais de réponse.

Comme elle le découvrit, la vie à Ipanema n'était pas si différente de la vie à Tijuca. Il est vrai que la proximité de l'océan rendait l'air plus sain, mais les crottes de chien incrustées entre les pavés du trottoir semblaient souvent provenir du crâne de certains habitants du quartier.

Avec une fille qui chaque jour lui devenait un peu plus étrangère, un fils qui n'était son fils que parce qu'il était sorti d'entre ses cuisses et un époux qui ne s'approchait d'elle que pour l'embrasser sur le front, Eurídice se renferma encore plus sur elle, dans ce bureau aux murs recouverts d'étagères croulant sous les livres, et où elle passait le plus clair de ses journées. Elle garda toujours la petite médaille de Notre-Dame de Fátima autour du cou, même après qu'elle eut cessé de croire en Dieu.

La vie suivit son cours, avec ce son pour unique fil rouge :

Tac tac tac, tac tac tac, tac tac tac…

Tac tac tac, tac tac tac, tac tac tac…

Tac tac tac, tac tac tac, tac tac tac…

NOTE DE L'AUTEURE

Nul ne sait si les écrits d'Eurídice firent un jour l'objet de l'attention qu'ils méritaient. Peut-être qu'après la mort de leur auteure, en rangeant le bureau de sa mère (parce que, assurément, Antenor devait être trop occupé à verser des torrents de larmes, accumulées depuis le jour où il avait vu le corps sans vie de Maria Rita), Cecília eut le temps de feuilleter ce qui se trouvait dans le petit tiroir.

Ou peut-être fut-ce Chico, chargé par Afonso et Cecília de mettre de l'ordre dans le bureau, avec l'autorisation de garder les livres qui l'intéressaient, lui qui avait été si proche de sa tante.

Ou peut-être même qu'Afonso, encore un peu ébranlé par la mort de sa mère, en se penchant sur l'armoire d'Eurídice et ses papiers, se sera exclamé : « Je prends les papiers ! Cecília, tu prends l'armoire ! », dans l'espoir vain de ne plus jamais avoir à se souvenir de l'odeur de sa mère.

Ou alors Guida, appelée en renfort par Afonso et Cecília, parce qu'ils auraient demandé à leur propre mère de se charger de cette douloureuse tâche si cela avait été possible, et que faute de mère, c'est à la tante qu'on fait appel.

Mais pas Antenor. Il aurait été bien incapable de poser les yeux sur quoi que ce fût qui ait appartenu à son épouse sans éclater à nouveau en sanglots, en répétant sans cesse : « Eurídice était une femme exceptionnelle, Eurídice était une femme exceptionnelle. »

Quoi qu'il en soit, si quelqu'un trouve un jour dans le tiroir du bureau ces feuilles reliées entre elles, avec écrit sur la première page le titre *Histoire de l'invisibilité*, si ce quelqu'un a la présence d'esprit de les lire, il ou elle comprendra sans peine qu'il s'agit là d'un livre trop important pour ne figurer que dans une seule bibliothèque.

Composition réalisée par [illegible] IMPRIMEUR

[illegible]

PAPIER À BASE DE FIBRES CERTIFIÉES

Le Livre de Poche s'engage pour l'environnement en réduisant l'empreinte carbone de ses livres. Celle de cet exemplaire est de :
230 g éq. CO_2
Rendez-vous sur www.livredepoche-durable.fr

Composition réalisée par MAURY IMPRIMEUR

Achevé d'imprimer en décembre 2017, en France sur Presse Offset par
Maury Imprimeur – 45330 Malesherbes
N° d'imprimeur : 223254
Dépôt légal 1re publication : janvier 2018
LIBRAIRIE GÉNÉRALE FRANÇAISE – 21, rue du Montparnasse – 75298 Paris Cedex 06

50/1851/9